RU HE PEI YANG

HAI ZI DE GOU TONG LI

如何培养孩子的沟通力

张小雪——著

北京联合出版公司
Beijing United Publishing Co.,Ltd.

图书在版编目（CIP）数据

如何培养孩子的沟通力 / 张小雪著 . -- 北京 : 北京联合出版公司 , 2019.7
ISBN 978-7-5596-2802-2

Ⅰ . ①如… Ⅱ . ①张… Ⅲ . ①心理交往—儿童教育—家庭教育 Ⅳ . ① G78

中国版本图书馆 CIP 数据核字 (2019) 第 094734 号

如何培养孩子的沟通力

项目策划 斯坦威图书
作　　者 张小雪
责任编辑 李　征
策划编辑 潘明月　王　娇
封面设计 王　喆

北京联合出版公司出版
（北京市西城区德外大街 83 号楼 9 层　100088）
河北鹏润印刷有限公司　新华书店经销
192 千字　710 毫米 × 1000 毫米　1/16　14 印张
2019 年 7 月第 1 版　2019 年 7 月第 1 次印刷
ISBN 978-7-5596-2802-2
定价：45.00 元

未经许可，不得以任何方式复制或抄袭本书部分或全部内容
版权所有，侵权必究
本书若有质量问题，请与本公司图书销售中心联系调换
纠错热线：010-82561793

前　言

现代社会是高度信息化、知识化的社会，信息传递的一种重要形式就是沟通，可以说，不会沟通的孩子将不能适应飞速发展的时代。无论在哪个领域，只要孩子具备巧妙沟通的素质，很多问题就会迎刃而解。能不能把道理说清楚，直接决定着孩子的生活是否愉快，学习是否顺利、顺心。

会沟通是一种智慧，一种能力，一种生存资本。如果你能让孩子学会正确运用这种智慧和技巧，那么孩子在演讲、谈判、论辩、社交等沟通场合中就会游刃有余，如鱼得水。会沟通也是孩子学识、才干和智慧的重要标志，是孩子想象力、创新力、应变力及人际交往能力的综合表现。对孩子来说，如果沟通的水平不高，那他就不能很好地表达自己的思想、情绪和情感，当然也就不能很好地处理各种事情和各种情况下的人际关系。不能很好驾驭语言，就不能天从人愿地驾驭自己的前程，更不能风调雨顺地驾驭自己的人生。

马雅可夫斯基说："语言是人的力量的统帅。"我们说眼睛是心灵的窗户，而舌头则是心灵的大门。拥有一流的沟通力，可以使孩子在清晰地表达自己的同时，赢得他人的理解和支持，获取融洽的人际关系。

每一个家长都希望自己的孩子能说会道、妙语如珠，但在现实中，每个孩子的实际沟通水平却是层次迥异、高低有别、优劣参半的。有的孩子口若悬河、滔滔不绝；有的孩子则扭捏木讷、吞吞吐吐；有的孩子能够舌灿莲花、字字珠玑；有的孩子则词不达意、语焉不详；有的孩子言谈锋利、巧发奇中，有的孩子则似是而非、不着边际。

事实证明，每一个与成功失之交臂的孩子，并不是缺乏成功的智慧和勇气，而是缺乏能说会道的能力与技巧，在现代社会只会做事、不善言谈的孩子已经吃不开了。不善于沟通，别人就很难明白孩子的想法，也就很难相信他，很难对他委以重任。要学习、要进取，就必须具备能言善辩的能力。如果孩子能说会道，这一切就唾手可得。如果孩子缺乏这种能力，结果往往是四处碰壁，一无所获，终生默默无闻。

常言说"谋事在脑，成事在言"。语言是一种成事必不可少，也是至关重要的能力。会沟通也是一种技巧，既然是技巧，就可以通过训练而获得改进和提高，通过对孩子的语言能力和技巧的培养与训练，可以帮助他们提高情商、智商、表达、表现等综合素质与能力，增强自信心，迈出通向成长与成功的第一步。

本书所讲的每一种方法、技巧都是以一个生动有趣的故事作为引导，带着故事去思考、去学习。浅易的文字、丰富的例证、合理的结构，融理论指导与实际可操作性于一体，帮助孩子在轻松、愉悦的氛围中提高完善自己的沟通力。可以说，本书是一部不可不读的沟通力宝典。

编著者

目 录
CONTENTS

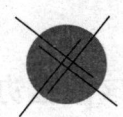

第一章
培养沟通力，
让孩子成为人气王

孩子不敢开口沟通，爸妈应该怎么办

在古希腊，人们常常聚在一起进行辩论。在辩论中大家都争着上台发表演说。有的人知识渊博，旁证博引，说古论今，滔滔不绝，每次演说，都能征服听众的心。人们就称这样的人是演说家。德摩斯蒂尼就是古希腊当时最著名的大演说家。

可是你们相信吗？这样一位著名的演说家，曾经是一个口吃者。沟通不流利、结结巴巴的人怎么能成为能言善辩的演说家呢？但是德摩斯蒂尼做到了，而且做得非常出色。

德摩斯蒂尼自幼喜爱读书，知识很渊博，他很想成为演说家，但是当他登台演说时，原本平静的听众一下子就烦躁起来，台下乱哄哄的一片，有的人索性在台下喊起来，轰他下台。

德摩斯蒂尼知道自己失败了，内心十分痛苦，但是他没有因此灰心丧气，暗自下决心要克服自己的弱点，成为一个有名的演说家。

从那以后，每天清晨天刚蒙蒙亮，德摩斯蒂尼就立即起床跑步上山，他一边爬山，一边呼喊，尽量使自己的声音传得远些，更远些。爬上了山顶，他就迎风站立，把树木当听众，打着手势做长篇演说。他讲得十分认真，就像眼前真的有许多听众一样。

为了使口齿清晰，德摩斯蒂尼还经常含着小石子练习沟通。他的口腔被小石子磨破了，流出了血，可是他还是不停地练习。

他经常去看话剧，仔细看演员在台上表演时，怎样沟通，怎样用手势，怎样表达感情，回来练习演说时，他就像演员那样注入自己的感情。

一年以后，德摩斯蒂尼终于纠正了自己的口吃毛病，他又继续博览群书，不断提升自己的知识水平，有时手里拿着书就高声地朗读起来，读了一遍又一遍，直到读得口齿清楚、音色醇美、语言流利、发音正确为止。德摩斯蒂尼就这样苦练了很久，终于克服了沟通的障碍。

当他再次登台演说时，他声音洪亮、口齿清晰、语调优雅、姿态潇洒、妙语连珠、滔滔不绝，台下的听众完全被征服了。当他的演说结束时，全场热烈欢呼，祝贺他演说成功，德摩斯蒂尼终于从一个口吃者而成为一个真正的演说家。

许多孩子不愿与自己不熟悉的人沟通，因而无法建立良好的人际关系。也有许多孩子自认为不会沟通，不愿当众沟通。即使公认为口若悬河者，也不是在任何状态下都可应付自如的。播音员、节目主持人、演员等，都是使用语言的行家，但他们大都认为自己从小就不善言辞。原因很简单，由于他们不会沟通，才加倍努力，最终获得了成功。

可见，会沟通并非是天生的，而是需要后天不断地学习和努力。在孩子的成长过程中，培养和提高会沟通的能力，需要从点滴做起。然而，沟通力的培养和提高难免也会受到各种各样的挑战：喧哗与躁动，诱惑与挫折，问题与困惑。因此，在锻炼孩子沟通能力的时候，家长还应该掌握一些切实可行的道理和方法，以求孩子少走一些弯路，少做一些无用功。德摩斯蒂尼的经历，就说明了这个道理。

敢开口就是赢家。只要孩子勇于开口，积极地把握与别人沟通和当众沟通的机会，就能从中领会到一些沟通的技巧，帮助自己建立自信。当然，开始的尝试总是比较艰难的，但是，一回生，二回熟，当孩子能够勇敢地当众开口沟通时，这本身就是一种胜利了。如果熟悉之后再多加练习，就一定可以熟能生巧，应对自如，进而成为一位沟通高手。

会沟通的孩子拥有的 6 项技能

春秋战国时代，辩士蜂起，许多人靠口舌言谈平步青云，立取富贵。君主崇尚沟通力，天下学者俊士更是趋之若鹜，蔚然成风。以在秦国推行连横策略而著称的游说家张仪，颇懂得舌头的珍贵。他初到楚国当说客时，一天，碰巧相国家丢失了玉璧，主人一口咬定张仪就是窃贼，将其严刑拷打后逐出了门。回家后，妻子叹着气说："你若不读书游说的话，怎么会遭到这样的奇耻大辱呢？"谁知张仪并无愠怒之色，也毫不垂头丧气，而是答非所问道："你看看我的舌头还在吗？"妻子不解地答道："舌头当然还在啊！"张仪舒了一口气说："够了。"因为他懂得，舌头在，就有成功立业、飞黄腾达之望。后来，他真的扶摇直上，当上了相国。

沟通是一门上天入地的大学问，足以立身，足以成事。沟通也是集情感、语言能力、心理素质、逻辑能力和知识储备为一体的艺术，是人的知识、情感、意志的外化，是人生智慧的体现。

南北朝时期的著名学者刘勰曾如此高度赞叹沟通的作用："一言之辩，重于九鼎之言；三寸之舌，强于百万雄师。"想当年，苏秦以其三寸不烂之舌，合纵六国，统领六国共同抗秦；张仪凭借谋略与游说技巧，瓦解合纵，为秦国立下不朽功劳；"阴阳股掌间，掐指算乾坤"的诸葛孔明舌战群儒促成孙刘联合，骂死王朗传为千古佳话。在那个风云激荡、烽火连天、群雄逐鹿的年代，也因此涌现出了无数的能言善辩之士，他们受命于危难之际，在对人性深刻把握的基础上和对游说技能的熟练驾驭下，运用自己博古通今的知识、滔滔雄辩的沟通力，周游列国，出谋划策，三言两语于危难中轻松挽救一个国家的尊严和利益，在中国历史舞台上扮演了重要的角色。

会沟通的人或词藻华丽、文采飞扬、正义凛然、气势磅礴，赋予语言独特的人格魅力；或铅华内敛、纯净质朴、情真意切，赋予语言灵性秀美的人文关怀。

今天，沟通力在社会交际中的作用可谓是举足轻重。对于孩子来说，会沟通是成长过程中必须具备的一项技能，它不仅对孩子现在有着巨大的帮助，在孩子踏入社会后，它依然是孩子抓住机遇的"敲门砖"和立身立业的"金钥匙"。

那么，孩子应该具备哪些语言能力，怎样才算是会沟通呢？从人们的语言交际实践来看，会沟通主要表现为 6 种能力。

1. 说明能力

说明能力，就是把话说得准确明白的能力。所谓会沟通就是指表达能力，能把自己心里想的话说出来，这是对沟通力最基本的要求。其实，能把意思讲得准确、明白，使听者一听就懂，也不是件很容易的事情。例如，有的人懂技术，但不见得能说出来；有的学者知识渊博，写过不少专著，但一讲起课来，就让人昏昏欲睡。这些都是语言表达能力不佳的表现。

2. 吸引能力

吸引能力，即通过沟通，把别人的注意力留住的能力。孩子如何才能使自己的语言具有这种能力呢？

首先，沟通要有内容，才能够吸引别人倾听，使别人在听孩子沟通的过程中有一些收益或是产生共鸣，那么，这样的沟通才是成功的，而别人也才会乐意听孩子沟通，与孩子交流。同理而言，一位好的沟通者一定是一位特别善于沟通的人，而沟通首要的就是学会倾听他人的沟通。俗话说："出门看天色，进门看脸色。"在沟通时更要让孩子学会看他人沟通时的表情，以便适时地改变自己沟通的内容、语气等等。沟通时千万不要自说自话，这是最不成功的沟通。

其次，沟通要注意节奏感，这一点是相当重要的。有些人在沟通的时候语速相当快，就像在爆豆子一样，往往他自己说完以后，别人都没有反应过来他到底说的是什么。让孩子沟通说得慢一些，声音响亮一些，我们就能发现，人们会更加专注地倾听孩子沟通，而且他们会感觉孩子所说的每一句话都是发自内心深处的，是经过慎重考虑后才说出来的，人们会认为孩子在对自己说的话负责任。我们也常感觉到，即使同一个意思，甚至同一句话，会沟通的人，能叫人听后眉飞色舞；不会沟通的人，则叫人感到头昏脑涨。

3. 说服能力

说服能力，即通过沟通能打动人心，使听者心悦诚服的能力。会沟通的人并不一定讲得很多，妙就妙在他善于察言观色，能够探查出别人心中的想法，会对症下药，三言两语就能使人折服。说服能力要求语言行为具有明确的目的性。

对于那些善于利用说服技巧的人来说，能更清楚地了解对方的思想轨迹及其中的"要害点"，瞄准目标，击中"要害"，比与对方不停地周旋更有效，它会使你的说服力大大提高。这一点如果发挥得淋漓尽致，足以成就大事。

4. 感染能力

感染能力，即用语言感动人的能力，也就是要求沟通人以自己的激情感动听者，获得以情动人的效果。如果沟通人感情平淡，语言贫乏，自然是无法感动听众的。

具有感染能力的语言或是字字珠玑，让人听来如春风化雨，或是情真意切、动人心扉。总之，就是要与听者产生心灵间的碰撞和情感上的共鸣。

5. 创造能力

创造能力，即沟通中根据思想表达的需要创造语言的能力，或者是创造性地运用语言来表达自己思想的能力。

语言创造能力是形式和内容的有机统一，词汇贫乏，话到用时方恨少；用词没有仔细斟酌，粗陋肤浅，词不达意，错漏和歧义百出，这些现象，统称为缺乏语言营养。发展孩子语言创造力的前提，就必须攻克缺乏语言营养的堡垒。生活、阅读、情感、思维都是提高语言营养，丰富语言创造力的源泉。

6. 控制能力

控制能力，即控制自己的语言所能承受的能力。就是说，只会把话说出来，却不会顾及自己所说的话所能引起的后果，实际上是信口开河、瞎说一通，这算不上会沟通。

一般来说，语言的控制能力主要表现在以下几个方面：

第一，准确把握沟通分寸的能力。既要把意思说到，又不会说得过头，而是说得恰如其分。

第二，针对不同的听话人和不同的情况，能准确预料和有效控制听话人对自己语言所做出的反应能力。

第三，在谈话过程中已经出现问题的情况下，改用恰当的语言予以补救的能力。

沟通能力在孩子成长的道路上扮演着重要的角色，不论是现在与他人交往，还是将来准备成就事业，善于沟通一定会在孩子成长的道路上助其一臂之力。

今天要让孩子学会沟通分清场合

一天，孔子的学生子路和冉有都向孔子请教"闻斯行诸"的问题，就是听到道理是否应该马上施行。孔子在回答子路时说："有父母兄长在时要孝顺，应听听他们的，怎么能听到就马上做了呢？"在回答冉有时又说："听到了当然是要赶快行动起来。"这两个截然不同的回答，使得在座的公西华大惑不解，问道："为什么同样的问题，您的回答却截然相反呢？"孔子解释说："冉有胆子小，平时遇事总是犹豫退缩，所以我说听到了就干起来，是要鼓励他，给他壮胆；而子路胆量大得超过一般人，做事莽撞，所以我说，有父母兄长在时，要压一压，是要提醒他，使他有所退让。"

这是《论语·选进篇》记载的故事，这个故事可以说是孔子"因材施教"的经典范例，也体现了孔子沟通的智慧——沟通看对象，针对不同的实际情况而选择不同的沟通内容。

儒家思想是中国传统文化的主流，也是中国人安身立命的基石。儒家思想对中国人思想观念和生活方式的影响极大，可以说，当今中国人的为人处世、判断事物的价值标准、沟通做事的原则，所参照的基本上都是儒家的规范和准则。今天，我们还能从一些儒家经典中悟到其中的精髓和奥妙。

口语表达是人们运用声音和态势语言对一个人思维活动的扫描和表达。也就是说，沟通是人们思维的物质外化。因此，我们说，沟通是一个人素养、能力和智能的一种综合体现，是表达者根据特定的言语交际环境，准确、得体、生动地运用连贯、标准的有声语言，并辅之以适当得体的态势语言表情达意，取得圆满交际的口头表达能力。

根据口语交际的构成要素和沟通力的含义，会沟通应当具备以下几个条件：

1. 在沟通中必须具有较强的口头表达能力

即能根据交际意图和目的熟练地运用语言技巧来展开话语，同时应具有灵活机智的应变能力，即对应情况而沟通。孔子认为口语表达直接面对听众，沟通的针对性越强，表达的效果越好，因此，沟通的内容、时机、情态都要因具体对象、具体环境而异，有所选择，区别对待。

2. 在沟通中始终具有明确的对象意识和语境意识

如果不顾场合，不看对象，夸夸其谈，滔滔不绝，这种"能说会道"的行为只会引起听者的反感甚至厌恶，不能称之为会沟通。另一位儒家大师荀子在其著名的《劝学》中曾明确指出："未可与言而言谓之傲（急躁），可与言而不言谓之隐，不观气色而言谓之瞽（盲人）。"这说明沟通应随境而发，相机行事。

3. 在沟通中还必须具有较高的领悟能力和反馈能力

即能准确地接受和理解，又能做出恰当、必要的应对。这是与人沟通中很关键的一条。在沟通时，沟通者不仅要表达，同时还要做出有针对性的反馈。

4. 沟通内容的深浅要与对方的接受能力相宜

沟通不是一味地发泄自己的感想和情绪，而是一种合作的程序。人们说任何一句话，都希望能够对听话人产生适合己意的作用和影响。但在社会交往过程中，由于听话对象存在着民族、地域、性别、性格、年龄、职业、地位、阅历、文化修养、兴趣爱好、语言习惯等方面的不同，产生的作用和影响也迥然有异。因此，采用什么样的语言和口吻沟通也应当有所不同。《论语·庸也篇》说："中人以上，可以语上也；中人以下，不可语上也。"意思是说，对中等以上的人可以说高深的道理，对中等以下的人就不可以讲高深的道理。可见，沟通的内容超过或低于对方的接受能力都不会收到好的效果。

孔子带着他的几名学生出外讲学，一路上十分辛苦。这一天，孔子一行人来到一个村庄，他们在一片树荫下休息，正准备吃点干粮，再喝点水，不料，孔子的马挣脱了缰绳，跑到庄稼地里去吃了人家的麦苗。一个农夫上前抓住马嚼子，将马扣下了。

子贡是孔子最得意的学生之一，一向能言善辩。他凭着不凡的沟通力，自告奋勇地上前去企图说服那个农夫，争取和解。但他说起话来文绉绉的，满口之乎者也，天上地下，将大道理讲了一串又一串，尽管费尽口舌，可农夫就是听不进去。

有一位刚刚跟随孔子不久的新学生，论学识、才干远不如子贡。当他看到子贡与农夫僵持不下的情景时，便对孔子说："老师，请让我去试试看。"

于是他走到农夫面前，笑着对农夫说："你并不是在遥远的东海种田，我们也不是在遥远的西海耕地，我们彼此靠得很近，相隔不远，我的马怎么可能不吃你的庄稼呢？再说了，说不定哪天你的牛也会吃掉我的庄稼呢，你说是不是？我们应该彼此谅解才是。"

农夫听了这番话，觉得很在理，责怪的意思也顿然消释了，于是将马还给了孔子。旁边几个农夫也互相议论说："像这样沟通才算有沟通力，哪像刚才那个人，沟通不中听。"

看起来，沟通必须要看对象、看场合，否则，你再能言善辩，别人不接受你的观点也是白搭。

5. 慎言

所谓"慎言"，就是沟通不过分。提倡"慎言"，是针对言与行的关系提出的。"君子食无求饱，居无求安，敏于事而慎于言，就有道而正焉"，"古者言之不出，耻躬之不逮也"，"多闻疑，慎言其余，则寡尤"。这就是说，做事情要勤劳敏捷，沟通要谨慎讲究分寸，做不到的事情，压根就不说，如果在言与行实在无法一致的情况下，宁可多做事，少沟通，也决不能说多做少，言过其行。

孩子逃避沟通，试试让他克服自卑

英国杰出的现实主义戏剧家萧伯纳以其幽默的演讲才能著称于世。可很少有人知道，他在 20 岁初到伦敦时，却羞于见人，胆子非常小。若有人请他去做客，他总是忐忑不安地先在人家门前徘徊多时，而不敢直接去按门铃。有一次，一位朋友邀他参加学术者的辩论会。在会上他怀着一颗非常紧张的心站立起来，做了有生以来的第一次演讲。当他演讲完毕时，却受到了别人的讥笑，他觉得自己充当了一个十足的傻瓜，蒙受了莫大的耻辱，但他并没有灰心。此后，他每星期都当众演说，人们在市场、教堂、学校、公园、码头……在挤满三四千听众的大厅或只有寥寥几人的地下室，都能看到他在慷慨陈词。有人曾做过统计，在 12 年中，他的演讲次数竟达 1000 多次。

作为家长，你是否有过这样的经历，孩子由于第一次演讲或发言没有发挥好，或是一次发言时忘了词，再或是一次沟通时说错了话，结果就对开口沟通产生了恐惧感，不敢再登台了，头脑里挥之不去的始终是失败的阴影。

其实，恐惧、怯场等等也并不是某个人的特殊现象。很多大人物初次在特定场合沟通时也会产生恐惧与紧张。

国际工人运动杰出的女活动家蔡特金第一次演讲时，虽然早就做过细致准备，可一登场，要讲的话一下子从脑子里全溜掉了，大脑出现了空白。

英迪拉·甘地夫人初次登台时，吓得连一点儿声音也发不出来。讲了什么自己也不清楚，只听到一个听众在说："她不是在演讲，而是在尖叫。"她在哄堂大笑之中匆匆结束了演讲。

美国著名作家马克·吐温谈起他首次在公开场所演说时说道："那时仿佛嘴里塞满了棉花，脉搏快得像争夺赛跑金牌。"

英国政治家路易·乔治第一次做公开演说时，舌头紧紧抵在嘴的上膛，竟不能说出一个字。

美国前总统福特初入政坛时，讲起话来结结巴巴，人们听起来很不舒服，曾有人戏称他为"结巴运动员"。

连英国前首相撒切尔夫人都承认："我不知道哪位大臣不紧张。我任首相7年半了。每当我起身发表重要讲话，我就紧张，每当我走进下议院，我也感到紧张。"

英国另一位首相狄斯端里也曾说过，他宁愿率领一队骑兵去冲锋，也不愿在下议院讲一次话。

可见，害怕沟通的现象很普遍。然而，人们不可能永远逃避沟通，而只能设法使自己从恐惧中走出来，用自信心来武装自己，勇敢地面对沟通，就像那些终成大器的众多名人一样。

有些人在别人伶俐的口齿、独到的见解、逼人的语势面前，产生了卑怯心理，或缄口沉默，或支吾其词，一副笨嘴拙舌、口讷语迟的样子。作为沟通中的一方，出现此类窘境，不仅有碍于自身能力的发挥，也不利于各抒己见的良好气氛的形成。

沟通主要有三种卑怯现象：

1. 在别人独到见解面前的卑怯现象

对每一个谈话者的发言，孩子感到的都是真知灼见，有给人以启迪，甚至有振聋发聩之效。整个谈话中此类发言层出不穷，孩子置身其中，不由得心有所动：别人的水平那么高，见解那么独到、深刻、精辟，我是无法比及的。我要保持沉默，不要说出来闹了笑话，坏了别人的胃口。结果越想越别扭，错过了许多沟通的机会，把自己弄成了多余的角色。其实，谈话是由若干人组成的，每个人都会围绕话题认真思考，发表一己之见。这时其他人认识最深刻、最急于发表出来、感觉上最应与别人交流的东西，自有其精辟、深刻之处，这是再正常不过的。孩子只要认真听取他人的意见，并做积极思考，也会有自己的见解和认识，发表出来也会对他人产生启迪作用。如果仰面看人，自惭形秽，小觑自己，怎能不出现卑怯现象呢？

某校文学社经常组织文学沙龙活动，别看这些孩子稚气未脱的样子，但谈起文学话题，个个都高谈阔论，不乏精彩之论。其中有个孩子自入社以来很想与同学们交流，可每次活动他都在别人的高见面前丧失信心，有些意见到了嘴边又犯起嘀咕，打起了退堂鼓。其实这个孩子在文学上还是有些见解的，创作上也有所收获。稍加分析，我们就会发现他是在别人独到的见解面前产生了错觉，出现了卑怯心理。如果他能意识到这些，同样会发表出令人耳目一新的见解。

2. 在别人沟通优势面前的卑怯现象

人有千姿百态，其沟通也各具特色，它的方式、角度、特点都不尽相同，沟通形式的差异表现为沟通时的争奇斗艳，这就形成一个人的沟通优势。比如，有的人口齿伶俐，有的人严谨清晰，有的人音色悦耳、抑扬顿挫。在别人这些优势面前，有的孩子可能会想：我能有这样的沟通能力吗？我如何比得上他呀？如果听到我的发言，岂不大煞风景，让人难堪？还是不说为好，免得丢人现眼。其实这种心理是对别人的沟通优势放大所致，是被对方镇住了，不知不觉地将自己的沟通劣势与对方优势进行参照。实际上每个孩子都有自己的优势，坚持自我，认真沟通，同样会赢得别人的良好反应。

3. 在别人心理优势面前的卑怯现象

沟通表面上看是一种嘴皮子功夫，实际上是与人的思维状况和心理面貌密切相关的。沟通能力、思维状况是稳定因素，心理面貌则是变化因素。因此，一个人的心理面貌常常是一个人沟通水平发挥程度的决定因素。面对不同的沟通对象和沟通关系，沟通心理常会出现微妙变化。地位、身份、关系是影响这种变化的重要因素。那么，我们应该如何教孩子克服沟通卑怯现象呢？

（1）从生理的角度进行心理调节

生理与心理是互动互制的。心理的变化会引起生理的相应变化；同理，生理的调节也会对心理产生影响。当沟通产生怯懦现象时往往会不由自主，难以控制，若通过生理上一些调节措施，往往能取得良好效果。比如，通过深呼吸、搓手、舒展四肢、走动等方式，都可以使卑怯紧张的心理得到缓解、消除。

（2）以心理暗示进行心理放松

用心理的方法去矫治最直接最有效。心理卑怯现象是心理夸张性感受所致，必须让心理感受重新归位。要达到这一要求，需要采用心理暗示的方式，对对方做客观、正确的认识，对自己做准确、公正的评估，这样就能保持清醒，树立信心。如当别人的沟通力显示出无法达到的优势时，可以帮助孩子做这样的暗示：这是他的优势所在，我同样也有优势，一样是他所比不上的。

（3）加强对对方的认识，提高自信心

沟通的卑怯现象，从本质上说是对对方评估过高引发的。过高地评价了对方，悲观地评价了双方的关系，从而看轻了自己，产生距离意识和崇拜意念，此时既卑且怯，也就自然而然了。要帮助孩子加强对对方的认识，切勿对对方过高认定，更不要将其神化，要还其本来面目，把他看做一个平常人。同时谈话者都是平等关系，发言时不要人为地把双方关系拉开。正确认识自我，摆正自己位置，提高自信心，这样还谈得上有卑怯心理吗？

（4）克服表现欲望，注重表达效果

有时孩子沟通产生卑怯心理，并不是小觑自己，而是极强的表现欲望造成的。沟通之初一心想着要一鸣惊人，压倒他人；当发现别人沟通力卓绝、见解精到时，心理上就产生失落感、挫折感，情绪受到冲击而一落千丈。对此，要培养孩子朴实、自然的沟通风格，把意思圆满地表达出来就行了。

（5）增强责任感，消除退却情绪

在别人出色的表现面前，一旦产生了卑怯现象怎么办？打退堂鼓而草草收场，难免尴尬，会给以后的沟通也带来更大的障碍。此时要增强孩子沟通的责任感，以力陈己见为职责，坚持下去决不退却，怯懦心理反会得到克服。

（6）树立自信，更会沟通

在众人面前沟通的确是一个很大的挑战。大量的事实可以证明，不是每个人都是天生的演讲高手，很多人一开始都有失败的经历，这种经历甚至是带有侮辱情绪的。但是，关键的问题在于，他们没有沉溺在过去失败的阴影中，而是勇敢地向自己发出了挑战，以坚定的信念和勇气，走出一条属于勇敢者的成功之路，最终成为能言善辩之人。

如果孩子能够正确对待失败，勇敢地战胜自己的心理障碍，驱除心中的失败阴影，将失败打败，那么，孩子同样可以勇敢地站在众人面前，自信地说出心中所想。

人的任何活动都以健康的心理为基础，而任何人进行任何活动，都会产生一定的心理障碍，沟通也不例外。因此，训练孩子的沟通技巧也必须首先进行心理建设。对于谈话最大的心理障碍是对谈话成败的忧虑，忧虑主要来源于孩子对于能否说动对方而达到预定目的没有把握。因此，要注意树立自信心的培养。

自信心就是自己相信自己的意志。孩子有时说不好话，并不是他所说的内容不好，而是缺乏对自己能够说好话的信心。恐惧和不能正确认识自己是自信心的天敌，是说好话的最大障碍。

有的孩子在一开口沟通之前，就断定自己："我讲不好话，我笨嘴拙舌；我讲的话没有什么意义，而且我缺点很多，别人会嘲笑我……"好像自己浑身都是缺点，一无是处。在这样的心理压力下，战胜别人的自信心早已无影无踪，留下来陪伴他的只是紧张、焦虑、害怕、恐惧、怯场等不良情绪，肯定难以从容镇定地发表自己的意见。

建立沟通的自信心，不是一朝一夕的事情，而是一个漫长的心理渐进过程，自信心来源于对自己的客观认识和自身能力的培养。

培养孩子胆量的唯一方法就是勤讲勤练。对着镜子练，对着实物练，也可请人指教，要抓住一切时机练。在讨论会上，积极争取发言；主动到正式场合去演讲，功夫不负有心人，长此以往必定会锻炼出胆量来，使自己的沟通条理分明，口齿清楚，富于表情，以至产生扣人心弦、震撼胆魄的强烈效果。

家长要让孩子认识到，不要只是羡慕那些成功和成绩显著的演说家的沟通力，更值得交口称赞的是他们那种坚持不懈的意志。你想练就巧舌如簧的表达能力，就要一步一个脚印地学会沟通。

自我暗示，孩子的沟通小法宝

从前，有一个国王被仇敌追杀，落荒而逃，不得已躲在一间破屋里，他在那里独自生活了很长时间，万念俱灰，不知所措，他觉得自己已经失去力量和勇气。突然，他发现一只蚂蚁正背着一颗比它身体大数倍的麦粒，奋勇地往墙上拖，但是却一再地摔下来。那个国王默默地数着它掉下来的次数，一次又一次，蚂蚁持续地努力着，在第70次时，它终于爬上了墙头。国王感到精神大为振奋，小小的蚂蚁都有坚持到底的信心，更何况人呢！他不断地在心里给自己鼓劲："我一定行的，我会胜利的。"终于，他等到了援兵的到来，脱离了困境，并经过不懈努力，恢复了往昔的荣光。

看，自我暗示的力量是多么的强大啊！它可以影响一个人的生理和心理，这样类似的现象在日常的表达和沟通中也屡见不鲜。

很多时候，其实孩子已经将自己想要表达的东西准备得很充分了，信心也很充足，并且事实上发挥得也很好，可是一到说完，孩子仍会觉得自己很糟糕，认为这也不好，那也不行。这就是孩子的消极心理在作怪，把一点微不足道的瑕疵给无限地渲染和扩大了，可能是一两句话没说顺，可能是对方一个不经意的举动，就怀疑自己说错了；还可能就是自己一句无意识的话引来大家的一阵笑声，就认为大家是在笑话自己哪句话说得不妥……其实，有时候并非是表达上出了问题，而是孩子的心态影响了自己。

可见心理暗示的影响是巨大的。明白这当中的道理，孩子以后沟通就不会再因"疑神疑鬼"而信心不足了。虽然孩子的沟通可能会毁在消极的心理暗示上，但这并不影响他认识和利用心理暗示，成就自己。孩子不但要善于创造和运用外在的激励因素，增强沟通的自信，还要学会自己鼓励自己，给自己开口沟通多制造一些积极的心理暗示。

所谓积极的自我暗示，是通过主观作用使内心产生良好预期的一种自我刺激过程，它的特点是不要在行动之前就去体验遭受失败后的情绪，即使在不利的情况下，也要鼓励自己信心百倍地去面对，常用"我行""我能"来鼓励自己，而不是用"我不行""我不能"来低估自己。用积极的思想、语言来不断地提示自己，克服悲观、沮丧和恐惧心情，使人精神振奋。如果孩子能在表达中，给自己来点积极的心理暗示，善于创造和运用外在的激励因素，增进自己的信心，相信孩子的沟通能力一定会大有提高。

自我暗示对人的心理作用很大，有时甚至会创造奇迹。

"二战"时期，苏联有一位天才演员毕甫佐夫，平时沟通时老是口吃，但是当他演出时却克服了这个缺陷。他所用的办法就是利用积极的自我暗示，暗示自己在舞台上讲话和做动作的不是他，而完全是另一个人——剧中的角色，这个人是不口吃的。

意大利著名影星索菲娅·罗兰在初进入影视业时，几乎所有的摄影师都认为她的脖子太长，嘴巴太大，希望她能去做美容手术，而索菲娅·罗兰却认为这正是自己的特点，如果要她去做美容手术，她宁可放弃拍电影。索菲娅·罗兰告诉自己，修长的脖子会使自己的身姿更加迷人，一张大嘴会更加增添自己的性感与魅力。索菲娅·罗兰以她的自信和她出色的演技成为一代电影巨星，赢得了成功。

那么，孩子应该如何给自己积极的心理暗示呢？

1.学学阿Q的"精神胜利法"

在孩子准备开口沟通前，先让他给自己打打气，坚信自己的表达能力，并默念"我一定能行""这没什么了不起的"等等，从给他自己足够的信心来开始他的沟通。

2.保持抖擞的精神

饱满的精神可以提供给孩子最佳的心理暗示，哪怕孩子所说的事实上并没有完全征服听者，但在精神上，他绝对已经征服了他们，这就是胜利。

3.保持灿烂的好心情

最起码孩子要有个自信的笑容，这不仅能驱除孩子的消极心理，还能让孩子信心百倍。

4.用"健忘"来对付消极的心理

如果孩子原来的沟通经历中有过什么不愉快的记忆，那么家长需要做的就是帮助孩子忘了它，让它永远消失在孩子的记忆力里，不再让它对孩子产生消极的影响。

5.做话题的"主人"

还有一种方式就是谈话时尽量选择孩子自己熟悉的话题，让孩子争取主动沟通的机会，做话题的"主人"，这样才会让孩子更加自信。

成为小小人气王，让孩子爱上沟通

读过《三国演义》的人，都不会忘记下面这样的情节：

为救刘阿斗，赵云在敌阵中七进七出，血染战袍。为了安抚赵子龙，刘备怒摔阿斗，忿忿地说："为一孺子，险折我一员大将！"刘备这一言一行，充分显示了他会收服人心，会沟通的高超技巧，也因此博得了赵子龙一生"肝脑涂地"般的忠诚追随。也正是凭着这一点，刘备旗下才会聚集这么多忠肝义胆的英雄豪杰。

同样是《三国演义》中叱咤风云的人物，关羽在结交人缘方面就差了许多：

当他得知黄忠也被封为"五虎大将"时，就忿然道："黄忠何等人，敢于吾同，大丈夫终不与老卒为伍。"关羽驻守荆州时，孙权派诸葛瑾替自己的儿子向关羽的女儿求亲。关羽勃然大怒："虎女安肯嫁犬子乎。"孙权派陆逊镇守陆口，陆逊差人给关羽送礼，关羽竟当着来使的面说孙权"见识短浅，用此孺子为将"。关羽的傲慢和目空一切，使得他的语言如一把利刃深深地伤害了每一位愿与他交好的人。这也为他失荆州、走麦城、人头落地的悲剧命运埋下了伏笔。

人生在世，谁都想活得潇洒，活得开心，活得有滋有味，谁都想在人生的舞台上尽情挥洒自己的能力与才华。然而，在社会的大舞台中，不是人人都能依靠"自我表演"而"一炮走红"的，要想拥有"观众"和掌声，不仅需要在不断的历练中充分认识自己，把握规律，还要靠良好的人际关系的帮助与支持。本杰明·富兰克林曾经说过："成功的第一要素就是懂得如何搞好人际关系。"这种良好的人际关系就是"好人缘"。

沟通是交往的工具，是才智的发挥。会沟通是做人最宝贵的财富，会沟通就会做人，会做人才会拥有好人缘。常言道："遇一知己，人生足矣；得人心者，天必助之。"自古以来，得道多助，失道寡助。得人缘者定输赢，得人心者得天下。

会沟通是一个人的巨大财富。有了它，学业上会顺利，生活上会如意，事业上会成功，但它不是与生俱来的，而是需要孩子辛勤努力争取的。这就需要孩子做到：

1. 会说开场白

寒暄在中国有着悠久的历史，原指两个人见面时谈些天气冷暖方面的应酬话。后来被作为见面时的"开场白"沿袭下来。到了现代社会，生活节奏越来越快，人们的关系愈来愈密切，寒暄就显得尤为重要。寒暄是人们交际礼仪的基础，是心与心的"黏合剂"。一句轻轻的"你好"，如久旱后的甘露浸透心脾，一个真诚的微笑，如春风化雨般让人陶醉。

2. 会关心他人

人是需要关怀和帮助的，尤其要十分珍惜自己在困境中得到的关怀和帮助，并把它看成是"雪中送炭"。帮助别人不一定是物质上的帮助，简单的举手之劳或关怀的话语，就能让别人产生久久的感动。比如说，遇到认识的朋友、同学，可以根据他当时的神情、着装、情绪状态揣摩对方的行为动向，并抱着关切态度询问一下，如："李老师，您今天的脸色不是很好，是不是不舒服啊？""嗨，小赵，今天情绪不错，有啥喜事啊！""丽丽，这么冷的天怎么不多穿点衣服？当心着凉啊！"

3. 会说"谢谢"

生活中，人与人的关系最是微妙不过，常存一份感激之心，就会使人际关系更加和谐。情感的纽带因为有了感激，才会更加坚韧；友谊之树必须靠感激来滋养，才会枝繁叶茂。古人说："滴水之恩当以涌泉相报。"即使达不到这一点，但也应始终坚持"投之以桃，报之以李"，时时处处想着别人，感激别人，这也是为人的真谛。

"谢谢"不仅仅是一句礼貌用语、一句客套话，它已成为沟通人们心灵的桥梁。说"谢谢"时要发自内心，要真诚，要态度认真，要面带微笑。

4. 会找共鸣点

俗语说："两人一般心，无钱堪买金；一人一般心，有钱难买针。"声学中也有此规律，叫作"同频共振"，就是指一处声波在遇到另一处频率相同的声波时，会发出更强的声波振荡，而遇到频率不同的声波则不然。人与人之间，如果能通过沟通寻找共鸣点，使自己的"固有频率"与别人的"固有频率"相一致，就能够使人们之间增进友谊，结成朋友，发生"同频共振"。

5. 会赞美他人

林肯说过："每个人都喜欢赞美。"赞美之所以得其殊遇，一在于其"美"字，表明被赞美者有卓尔不凡的地方；二在于其"赞"字，表明赞美者友好、热情的待人态度。人类行为学家约翰·杜威也说："人类本质里最深远的驱策力就是希望具有重要性，希望被赞美。"因此，对于他人的成绩与进步，要肯定，要赞扬，要鼓励。当别人有值得褒奖之处，你应毫不吝啬地给予诚挚的赞许，以使得人们的交往变得和谐而温馨。

历史上，法拉第和戴维的合作是一个典范。这份情缘的取得少不了法拉第对戴维的真诚赞美。

法拉第未和戴维相识前，就给戴维写信："戴维先生，您的讲演真好，我简直听得入迷了，我热爱化学，我想拜您为师……"收到信后，戴维便约见了法拉第。后来，法拉第成了近代电磁学的奠基人，名满欧洲，但他始终忘不了戴维，他经常说："是戴维先生把我领进科学殿堂大门的！"

赞美是友谊的源泉，是一种理想的黏合剂，它不但会把老相识、老朋友团结得更加紧密，而且可以把互不相识的人连在一起。

6. 会宽容他人

人与人的频繁接触，难免会出现磕磕碰碰的现象。在这种情况下，学会大度和宽容，就会使你赢得一个绿色的人际环境。要知道，"人非圣贤，孰能无过"。因此，不要对别人的过错耿耿于怀、念念不忘。生活的路，因为有了大度和宽容，才会越走越宽，而思想狭隘，则会把自己逼进死胡同。

在《三国演义》中，周瑜是个才华横溢、度量狭窄的人物，最终是在"既生瑜，何生亮"的悲呼中结束了短暂的一生。而据史书记载，周瑜并不是小肚鸡肠之人，而是因为自己的大度宽容拥有一份好人缘。比如说，东吴老将程普原先与周瑜不和，关系很不好。周瑜不因程普对自己不友好，就以其人之道还治其人之身，而是不抱成见、宽容待之，还常常在别人面前称赞程普。日子长了，程普了解了周瑜的为人，深受感动，体会到和周瑜交往，"若饮醇醪自醉"。

7. 会幽默化解尴尬

人人都喜欢和机智风趣、谈吐幽默的人交往，而不愿同动辄与人争吵，或者郁郁寡欢、言语乏味的人来往。幽默，可以说是一块磁铁，以此吸引着大家；也可以说是一种润滑剂，使烦恼变为欢畅，使痛苦变成愉快，将尴尬转为融洽。

美国作家马克·吐温机智幽默。有一次他要去某小城，临行前别人告诉他，那里的蚊子特别厉害。到了那个小城，正当他在旅店登记房间时，一只蚊子正好在马克·吐温眼前盘旋，这使得旅店职员感到很尴尬。马克·吐温却满不在乎地对职员说："贵地蚊子比传说的不知聪明多少倍，它竟会预先看好我的房间号码，以便夜晚光顾，饱餐一顿。"大家听了不禁哈哈大笑。结果，这一夜马克·吐温睡得十分香甜。原来，旅馆全体职员一齐出动，驱赶蚊子，不让这位博得众人喜爱的作家被"聪明的蚊子"叮咬。

幽默，不仅使得马克·吐温拥有一群诚挚的朋友，而且也因此得到了陌生人们的"特别关照"。

8. 会诚恳道歉

有时候，一不小心，可能会碰碎别人心爱的花瓶；自己欠考虑，可能会误解别人的好意；自己一句无意的话，可能会大大伤害别人的心。如果孩子不小心得罪了别人，就应真诚地道歉。这样不仅可以弥补过失、化解矛盾，而且还能促进双方心理上的沟通，缓解彼此间的关系。切不可把道歉当成耻辱，那样将有可能使他失去一位朋友。

一个人要想保持良好的人际关系，最好尽量减少自己的过失。曾子讲："吾日三省吾身。"为拥有好人缘，一个人应不断检讨自己的过失、提高个人的修养。而恰当得体的语言能让孩子在人际交往中八面玲珑，左右逢源。

第二章

如何让孩子成为
沟通小达人

不会选话题，才是孩子不会沟通的主要原因

在林翔还是个大一新生时，一天，他拿了一本学术论著到老师的教研室请教问题。在教研室门口，他再次低头看到书封面上的作者的名字，不由得得意一笑。原来作者叫作"万俟明"，林翔很喜欢看传奇小说，他想起以前在看《说岳全传》一书时，书中有个人物叫作"万俟乔"，他还专门查了查字典，才知道这个姓氏的正确读音应读作"mò qí"。所以，林翔见到这位教授的第一句话就是："您好啊！万俟教授，我是……"对方听后很是惊喜道，"你怎么会认识我的姓？很多学生第一次都会念错，都叫我万教授。""这个姓氏是复姓，而且又很少见，想必有来源吧？""是啊，"万俟教授显得非常兴奋，"这原是古代鲜卑族的部落名称，后来变成姓氏的拓跋氏……""这么说您系出名门，是帝王之后了，失敬失敬！"……

由于林翔的第一句话说得非常到位，激起了那位教授的谈话兴趣，对他也自然会有很好的印象。所以，他很认真地解答了林翔提出的每一个问题。后来，林翔经常向万俟教授讨教相关的专业知识，万俟教授也破例地让林翔成为他的科研小组的成员，使得林翔的专业水平有了很大的提高。后来，林翔考取了万俟教授的研究生，并成为他科研小组的骨干成员。

社交艺术是一门很重要的学问，人际交往是适应环境、适应生活、适应社会，形成完美个性的必要途径。对正处于人际社会化过程中的孩子来说，进行适当的社会交往尤为必要，而且，具有重要的意义。社会交往免不了要与人沟通，若要衡量一次沟通结果的好坏，首先应从双方沟通的话题入手。寻找沟通话题，就成为人际交往的第一步。

　　好的话题可以让双方愉快深入地沟通，不好的话题则可能使沟通无法持续下去，直接影响沟通的结果。所以，在日常的沟通中，对每一次沟通的话题都应该精心选择，不能随心所欲张口就来。

　　通常，一个有技巧的沟通者能在正确的时机找到合适的话题，并以一个合适的角度切入进去，这样就容易创造一个轻松活跃的谈话气氛，驱走因不熟悉带来的陌生感，使沟通得以深入下去。孩子跟自己熟悉的人沟通，由于彼此熟悉，自然不用发愁有没有话题，会不会冷场的问题。但是交际场合里不可能所有的人都是孩子认识的人，这就不可避免地要同陌生人打交道。由于双方素不相识、互不了解，如果找不到合适的问题，抓不住对方的兴趣点，沟通起来就会很困难。因此，找对合适的话题、激起对方的谈话欲望，在沟通中学会"没话找话"的本领，就显得非常重要。

　　那么，怎样教孩子去挖掘一个好话题呢？找到合适的话题后从哪个角度切入进去呢？一般来说，应选择能令对方引以为骄傲的话题。如，与对方利益攸关的话题；对方感兴趣的话题；耸人听闻的奇闻逸事；刚出现的新奇话题；比较敏感、保密的话题；对方切身经历的话题等。从这些话题入手，往往都会得到比较热烈的回应。

　　多数情况下，从对方得意的事情说起总是错不了的。每个人都有自己的得意之处，它代表了自己的能力，而这种能力往往需要得到别人的认可。所以，找到对方最得意的事情，肯定他、赞扬他，并适时表示出对对方的钦佩，总会取得意想不到的效果。如果能找到对方的兴奋点，谈话时紧紧围绕着这个兴奋点选择话题，就不用再发愁无话可说了。

聪明的孩子在寻找话题时往往怀着对对方的关切之情进行沟通，经常会达到出其不意的效果。人人都需要关怀和帮助，因此关心对方也是个永远受欢迎的话题。当然，选择话题除了要注意对方的需求外，还要小心避开对方的"禁区"，不要不知深浅，咬着对方的隐私、缺陷不放；也要避开可能引起对方伤感或误解的话题，否则轻则破坏谈话气氛，重则伤感情，甚至搞得关系破裂，话题难以为继。选择话题还要同场合、情境相协调。不协调的话题不但大煞风景，而且还有可能损害人际关系。

在生活中，孩子时常都会遇到陌生人，同乘一部电梯，同在一个屋檐下躲雨，同一考场考试，参加同一次夏令营等等。常言说得好："相逢即是有缘。"多个朋友多条路，朋友多了好办事。把陌生人变成朋友，是一个人高超的社交能力和社交艺术的表现和反映。当孩子遇到陌生人的时候，会不会与他沟通呢？这就需要掌握和陌生人沟通的语言技巧。

1. 帮助孩子做好自我推销

自我推销，当然就是指自我介绍。在社会交往中，素不相识的人初次见面总免不了要做自我介绍。教会孩子在向他人介绍自己时，目光要平视，态度要亲切自然，举止要彬彬有礼，言语要清晰准确。这样别人才能从自我介绍里，感受到一个自信、自立而又自谦的孩子。

自我介绍实际上就是自我展示、自我宣传。完美精彩的自我介绍，可以反映一个人的知识修养和性格，也可以体现一个人的沟通力。给对方留下很深刻的印象。

在赤壁之战中，鲁肃见到诸葛亮的第一句话就是："我，子瑜友也。"子瑜是诸葛亮的哥哥诸葛瑾的字，也是鲁肃的忘年交。短短一句话就拉近了鲁肃和诸葛亮二人之间的距离。

2. 帮助找到对方的兴奋点

有的人相处一辈子仍形同陌路人；有的人却是一见如故。想要让陌路人成为知己，就要细心观察，找到对方的兴奋点和关注点。由此，就可以引出话题来。

　　大学报到第一天，李扬来到新宿舍，找到自己的床铺后，就主动和下铺的新同学攀谈起来："你好，我是从上海来的，同学你是哪里人啊？""嗯，云南大理。""大理啊，那可是个好地方，那可是五朵金花的故乡，还有金庸先生的好多电视剧就是在那拍的。""是啊，那里有个天龙八部影视城。""那你是白族吗？""是啊！""我听说白族的三道茶很有名的。""当然了，这个三道茶啊，讲究得是一苦；二甜；三回味……"于是，两个人就这样从三道茶、云南各民族的风土人情再到金庸小说一直聊了很久，颇有相见恨晚的感觉。

3. 帮助孩子寻找双方的共同点

　　同陌生人沟通，还要帮助孩子寻找自己同对方的共同点，这样会使双方产生一种得遇知音、相见恨晚的感觉。

　　初次见面时，可以和对方聊一些与形势紧密相关的话题，像男孩子们可以聊一些体育竞技，诸如足球世界杯、NBA 比赛等，各个运动项目都可以成为话题。女孩子们可以聊一些看电视节目的感受，对主持人的评价等。还可以寻求帮助，比如，向人家请教学好这门课程方法、什么牌子的笔更好用等等。对于有业余爱好的人，可以谈谈他的业余爱好，他就会不断地抛出话题。但这一切的前提是要大量涉猎各个领域，拥有广而博的知识。这样，在和不同的陌生人交往时，孩子就能有话可说，不至于一问三不知了。

　　沟通是增进人与人之间情感的润滑剂。敢于同陌生人沟通，并善于巧找话题，就能更好地提高人际交往能力，有效地扩展人际交往的领域。

比起不会沟通，更要注意他会不会选择时机

有一位叫迈克尔的男孩长得又高又壮，他的父母亲担心他在学校会欺负人，对他要求非常严格，教他怎样与人为善，学会忍耐。结果同学们都以为他光长个不长力，经常欺负他。迈克尔对父亲说："我真想狠狠地揍他们，但我知道这样做妈妈会生气。"父亲没有理会他。

两年后，迈克尔又对父亲说了自己受委屈的话。这时，父亲感觉时机成熟了，就平静地对他说："你不必揍他们，可以通过其他的方式，让他们知道为了维护自尊，你不能再忍受他们的欺负了。"

迈克尔记住了父亲的话，当那几个经常欺负他的孩子照例设法戏弄他时，迈克尔没有像往常一样站在那里忍受，而是先用语言警告他们，结果越警告他们越放肆，迈克尔才"被迫出手"，把其中两个紧紧摁在篮球场上，但没有打他俩，只等他俩告饶为止。后来，迈克尔和那两个孩子都各自承认了自己的错误，并握手言和。他就是如今路人皆知的"飞人"——迈克尔·乔丹。

试想，如果乔丹的父母亲一开始就允许他对欺负他的同学"自卫还击"的话，尚未练得一定素养的他岂不对那些人早就大打出手？我想，乔丹的父

亲之所以会选择那样的时机教导乔丹"通过其他的方式"解决问题，其主要原因就在于他认为自己的孩子已经知道怎样把握好分寸和沟通的时机了。

在与人相处中，如果沟通的时机把握不好，他的话就很难打动他人，也更难做到愉快地与人交往。既然是交往，那么在语言上就应该与人为善，同时也应该学会维护彼此的尊严和权利。要做到二者兼顾，就必须把握好每一句话说出口的时机。时机是分寸的调和剂，如果孩子能了解这种调和剂的真义，对沟通时机把握的能力也就得心应"口"了。

大多数孩子都不懂全力以赴地把握时机，以致造成终生追悔莫及的遗憾。但不论是在运动场上、交朋友时，还是其他事情上，适当地把握时机都是迈向成功之途不可缺少的要素。把握时机沟通非常重要，这个过程需要充分的耐心，也需要积极进行准备，等待条件成熟，但绝不是坐视不动。所以要告诉孩子在沟通之前要仔细地思考，什么时候应该说哪句话，什么时候绝对不能说哪句话。恰到好处时，一句话可能比平时说一千句还有用。

沟通时机是由沟通的时境提供的，即由沟通时的自然、社会、心理、语言等诸多环境提供的。要把握准沟通的时机，就必须注意：

1. 时境的客观性

人的沟通行为只能在具体的时境中发生、进行，谁也无法随着自己的主观意志去摆脱它、超越它，沟通行为也只有与具体的时境结合并保持统一，才能准确地表达自己要说的意思。"沟通要注意场合"，就是你应提醒孩子注意沟通时所处的时间、地点和周围的情况，不要违背、超越它对自己的限制。有位商人受同事妻子委托——劝说该同事戒酒。一天这位商人正在酒馆里喝酒，刚好那个同事进来，于是这位商人马上劝告说："你不能喝酒，一喝就耍酒疯，谁也受不了！"那个同事听了气愤地说："好啊，你瞧不起我！我有钱，我就喝，谁也管不着！"说着便掏钱买了菜和酒，赌气地大喝起来。这位商人劝告失败的原因，就在于所选的时间、地点不对，造成了沟通内容与沟通时机之间的尖锐矛盾。如果换个场合相劝，也许就会成功，至少不会使对方误解或反感。

2. 时境的变化性

某研究所的两位研究员，休息时坐在研究室里边喝茶边议论现任所长的毛病，并商量如何调动工作的事。突然，所长推门而入，两人急忙住口，大家都感到很尴尬。这时，一位研究员倒了一杯茶，递给所长说："这是我新买的'龙井'，您尝尝，我们正在品茶呢。"所长接过茶一起品评起来。这位研究员的随机应变恰到好处，不露一点破绽，就使沟通时境与沟通行为之间的变化同向发展，同步同趋。

3. 时境的整体性

构成沟通时境的各种因素是相互联系的有机体，是以其整体性对沟通行为发生作用的。因此，沟通时要顾及时境构成的各种因素，从全局出发，切不可顾此失彼。有时从时境构成的这个方面看是相适应的，而从另一方面看又是不相容的。清朝初年大兴文学狱，有位秀才读书时书页被风翻动了，他信口吟道："清风不识字，何故乱翻书。"这从自然环境看是相适应的，但从政治环境看，却触犯了清朝的禁忌，因而被杀了头。

每个孩子都该学会适时沉默

美国大发明家爱迪生发明了自动发报机之后，他想卖掉这项发明以及制造技术然后建造一个实验室。因为不熟悉市场行情，不知道能卖多少钱，爱迪生便与夫人米娜商量。米娜也不知道这项技术究竟能值多少钱，她一咬牙，发狠心地说："要2万美元吧，你想想看，一个实验室建造下来，至少要2万美元。"爱迪生笑着说："2万美元，太多了吧？"米娜见爱迪生一副犹豫不决的样子，说："我看能行，要不然，你卖时先套套商人的口气，让他先开价再说。"

当时，爱迪生已经是一位小有名气的发明家了，美国一位商人听说这件事情后愿意买爱迪生的自动发报机发明制造技术。在商谈时，这位商人问到价钱。因为爱迪生一直认为要2万美元太高了，不好意思开口，于是只好沉默不语。

这位商人几次追问，爱迪生始终不好意思说出口，正好他的夫人米娜上班没有回来，爱迪生甚至想等到米娜回来再说吧。最后商人终于耐不住了，说："那我先开个价吧，10万美元，怎么样？"

这个价格非常出乎爱迪生的意料，爱迪生大喜过望，当场不假思索地和商人拍板成交。后来，爱迪生对他妻子米娜开玩笑说没想到晚说了一会儿就赚了8万美元。

孩子总是不愿意在接受别人批评的时候保持沉默，不愿意让对方把要说的内容说完。事实上在孩子人生的很多关口，譬如面对一个自我赞扬的环境，面对一个据理力争的争论，面对一个强词夺理的同学等情况下，沉默虽然不会创造爱迪生的8万美元，但它同样会让孩子看到刹那间的前程和退路，沉默可以给对方和自己都留余地，沉默甚至可以挽救孩子。

一个人在与他人的交往中，言语交流是必不可少的。有好的沟通力，能言善辩，应对如流，确实能够展示自己的风度、才干，获得交往的预期效果。

但是，在许多场合，滔滔雄辩、侃侃而谈的沟通力却不一定能派上用场，甚至还会存在"成事不足，败事有余"的风险。这时，缄口不言，闭着嘴巴不沟通，反倒更利于与人打交道，更能收到交往的预期效果，这就是不需要说的场合。

在一个人情绪失控的场合下，任何安慰都难以使当事人接受，不如等对方冷静下来，恢复了理智，再同他沟通为好。

有些人在遇到麻烦的时候，常常喋喋不休，唠叨不止，殊不知这样正好暴露了自己的弱点。处在尴尬情况下，与其聒噪不停，甚至说错话，倒不如保持沉默。宋代词人黄升在他的词中这样说："风流不在谈锋盛，袖手无言味正长。"这是不无道理的。

庄子曾经说过："大辩不言。""至人之用心若境，不将不迎，应而不藏，故能胜物而不伤。"意思就是，最有沟通力的人，往往表现在善于闭着嘴巴不沟通。其心里像镜子一样明亮，虽然清晰地映照着事物，但对任何事物的来去不加以迎送。因此能够自若地应接事物而不劳心神，最终战胜事物而自己却无任何损伤。

这就清楚地告诉我们：人际交往的效果，是不能笼统地以"说"与"不说"这一形式来衡量的。"说"与"不说"从表面看来，是两个互为矛盾的概念，就其实质而言，二者有一个共同的目的——为了获得最理想的交往效果。但从孩子的接受心理来看，从沟通的场合来看，有时候"不说"却能收到"说"所不能达到的特殊效果。

"不说"，不是不会"说"，而是会说而不说。它是为了某种需要而有意为之的行为。也可以说是一种在特定场合下的办事、交际的策略。事实上，在特定场合下，它是一种更好的进攻方式。

人与人之间的交往，不管是哪一种"说"——聊天、座谈、辩论、询问、质疑、发言、讲课，等等，对言者来讲，都是以声音这一物质形式对听者施加刺激。这种刺激被听者感知以后，会迅速产生理解的反射，继而做出决断，促成自己应对的行为。所谓"兵来将挡，水来土掩""你有来言，我有去语"，就是这种应对行为。于是俗话中就有了"听话听声，锣鼓听音"之说。

反过来，如果孩子在本该说时却偏偏不说，这就等于把自己的内心世界完全掩藏起来，让对方感到高深莫测，也就无从产生理解的反射。并且还会让对方在心理上造成一种无形的压力，引起一系列的疑问和猜测：对方是默认、赞许、同情、反对、胆怯、恐惧、轻视、尊重、怀疑、动摇、铁心、抗拒？由于对方的不说，自己什么都无法知道，于是引起自身的不安、惶恐、烦躁，导致自信的丧失、情绪的低落、意志的动摇、斗志的锐减。

因此，在特定的环境中，孩子完全可以不必说那么多的话，以沉默来表达不满，这会让对方感到不安，从而反省自己。通过这种毫不费力而又不伤和气的方法来达到目的，才是真正明智的选择。

法国有句谚语："雄辩是银，沉默是金。"在我们的生活中，有些时候确实是沉默胜于雄辩。与得体的语言一样，恰到好处的沉默也是一种语言艺术，运用好了常会收到"此时无声胜有声"的效果。

适时的沉默像乐曲中的休止符，它不仅是声音上的空白，更是内容的延伸与升华。它是一种无声的特殊语言，是一种不动用沟通力的"沟通力"。

在生活中，有时故作"迟钝"未必不是聪明人，"迟钝"的背后隐藏着过人的精明。有人推崇一种"大智若愚"型的艺术——意在多听、少说，甚至不说，显示出一种"迟钝"。其实这样做的目的是为了获得最大的利益。少开口不做无谓的争论，对方就无法了解你的真实想法；同时，可以探测对方动机，逐步掌握主动权。这时候的沉默，实际是"火力侦察"。

老一辈人总是谆谆教导我们："话到嘴边留半句，不可全抛一片心。"自古以来国人就恪守着"言多必失，语多伤人"的古训，把缄默奉作练达的安身处世之道。今天，我们也应谨记这些古训，教会孩子在该沉默时一定要三缄其口。沉默，是一种态度；沉默，是一种特殊语言；沉默，也会为你赢得无数财富。

鼓励孩子说出自己的想法

戴尔·卡耐基是美国著名的语言培训专家，他居住的地方，几乎是在纽约的地理中心点上，从他家步行一分钟，就可以到达一片森林。春天的时候，黑草莓丛中的野花白茫茫一片，松鼠在林间筑巢育子，马草长得高过马头。这块没有被破坏的林地，叫作森林公园。卡耐基常常带着雷斯到公园散步，雷斯是他的小波士顿斗牛犬，它是一只友善而不伤人的小猎狗；因为在公园里很少碰到行人，他常常不替雷斯系狗链或戴口罩。

有一天，卡耐基和他的小狗在公园里遇见一位骑马的警察，他好像迫不及待地要表现他的权威。

"你为什么让你的狗跑来跑去，不给它系上链子或戴上口罩？"他呵斥着卡耐基道。"难道你不晓得这是违法的吗？"他进一步说道。

"是的，我晓得，不过我认为它不会在这儿咬人。"卡耐基回答道。

"你认为！法律是不管你怎么认为的。它可能在这里咬死松鼠或咬伤小孩子。这次我不追究，但假如下回我再看到这只狗没有系上链子或戴上口罩在公园里跑来跑去，你就必须去跟法官解释啦！"警察厉声说道。

卡耐基客客气气地答应遵办。

可是雷斯不喜欢戴口罩，卡耐基也不喜欢它那样，因此决定碰碰运气。事情起初很顺利，但接着却碰到了麻烦。一天下午，他们正在一座小山坡上赛跑，突然又碰到了一位警察。

卡耐基决定不等警察开口就先发制人。他说："警官先生，这下你当场逮到我了，我有罪。我没有托辞，没有借口了。上星期有警察警告过我，若是再带小狗出来而不替它戴口罩就要罚我。"

"好说，好说，"警察回答道，"我晓得在没有人的时候，谁都忍不住要带这么一条小狗出来玩玩。"

"的确是忍不住，"卡耐基回答道，"但这是违法的。"

"像这样的小狗大概不会咬伤别人吧。"警察反而为他开脱。

"不，它可能会咬死松鼠。"卡耐基说。

"你大概把事情看得太严重了。"他告诉卡耐基，"我们这么办吧，你只要让它跑过小山，跑到我看不到的地方，事情就算了结了。"

卡耐基感叹地想，那位警察，也是一个人，他要的是一种重要人物的感觉。因此，当他责怪自己的时候，唯一能增强他自尊心的方法，就是以宽容的态度表现慈悲。

卡耐基处理这种事的方法是，不和对方发生正面交锋，承认对方绝对没错，自己绝对错了，并爽快地、坦白地、热诚地承认这一点。正因为是站在对方那一边沟通，对方反而会为他着想，整个事情就在和谐的气氛下结束了。

在日常生活中，说服已成为与他人建立和谐人际关系的关键。说服是一门艺术，也是一门技术，要想成功地说服他人，不仅需要有巧言善辩的沟通力，亦需要攻心为上的技巧。

1. 设身处地的说服谋略

卡耐基常租用某家饭店的大礼堂来讲课。有一天，他突然接到通知，租金要增加三倍。卡耐基便去与经理交涉。他说："我接到通知，有点儿震惊，不过这不怪你。如果我要是你，我也会那样做。因为你是饭店的经理，你的职责是尽可能地使饭店获利。"

紧接着，卡耐基为他算了一笔账："将礼堂用于办舞会、晚会，当然会获大利。但你撵走了我，也等于撵走了成千上万有文化的中层管理人员，而他们光顾贵饭店，是你花5000美元也买不到的活广告，那么，哪样更有利呢？"最终，经理被他说服了。

卡耐基之所以成功，即在于当他说"如果我是你，我也会那样做"时，他已经完全站到了经理的角度。接着，他站在经理的角度上算了一笔账，抓住了经理的诉求：赢利，使经理心甘情愿地把天平的砝码加到卡耐基这边。

2. 一语中的的说服智慧

唐代大诗人杜甫在他的《前出塞》九首之六中写道："挽弓当挽强，用箭当用长，射人先射马，擒贼先擒王。"其中，"射人先射马，擒贼先擒王"两句可以说是透着大智慧、大谋略，说的是行军作战要先除敌之首恶。马易射，马倒，人不降则毙；王擒，敌不败则溃，两个"先"字，开人胸臆，提出了对敌要有方略，智勇并用。后来，这两句话也用来比喻做事情要抓住关键，处理问题要抓住主要矛盾。那么，说服他人自然也是这样。

对于那些善于运用说服技巧的人来说，能更清楚地了解对方的思想轨迹及其中的"要害点"。瞄准目标，击中"要害"，比与对方不停地周旋更有效，它会使人的说服力大大提高。这一点如果发挥得淋漓尽致，足以成就大事。

汉代著名丞相萧何，有一次向汉高祖刘邦请求将上林苑中的大片空地让给老百姓耕种。上林苑是一处专为皇帝游玩嬉戏、打猎消遣的大片园林。刘邦一听萧丞相居然要缩减自己的园林，不禁勃然大怒，认为萧何一定是接受了老百姓的贿赂，才为他们办事的。于是萧何被捕入狱，同时被审查治罪。廷尉（汉代的法官）为了讨好皇上，只要是皇上认定某人有罪，廷尉不惜用大刑迫使犯人服罪。就在这紧要关头，旁边的一位姓王的侍卫官上前劝告刘邦说："陛下还记得原来与项羽抗争以及后来铲除叛军的时候吗？那几年，皇上在外亲自带兵讨伐，只有丞相一个人驻守关中，关中的百姓非常拥戴丞相。假如丞相稍有利己之心，那么关中之地就不是陛下的了。您认为，丞相会在一个可谋大利而不谋的情况下，去贪百姓和商人的一点小利吗？"

　　简单几句话，句句击中要害。刘邦深有感触，终于认识到自己的鲁莽，对不起丞相的一片诚心，感到非常惭愧。于是，立即下令赦免了萧何。

　　汉代的另一位开国元勋周勃，曾经帮助汉室铲除吕后爪牙，迎立汉文帝，有定国安邦的大功。可后来当他罢相回到自己的封地后，一些素来忌恨周勃的奸伪小人便趁机向汉文帝诬告周勃图谋造反。汉文帝竟然也相信起来，急忙下令廷尉将周勃逮捕下狱，追查治罪。按汉代当时的法律，凡是图谋造反者，不但本人要处死，而且要灭家诛族。就在周勃即将大祸临头的时候，薄太后出来劝文帝说："皇上，周勃谋反的最佳时机是您尚未即位，先皇留下的皇帝玉玺在他手上，并且统帅主力部队北军的时候，但是他一心忠于汉室，帮助汉室消灭了企图篡权的吕氏势力，把玉玺交给陛下。现在他已经罢相回到自己的小封地里居住，怎么反而在这个时候才想起谋反呢？"

　　听了薄太后这一席话，文帝所有的疑虑，全都没有了，并立即下令赦免了周勃。

可以想象，倘若没有人在此二人大难临头的时候站出来为他们辩白，讲明事实真相，分析得入情入理，他们二人能免去大难吗？一语中的说服法的言语威力是何其大呀！

3．以情动人的攻心说服术

"以情动人，润物无声"说的是一种说服的方略，也是一种说服的效果，总的来说，就是"攻心"。攻心说服最基本的要点之一是巧妙地诱导对方的心理或感情，以使被说服者信服。

如果说服的一方特别强调自己的优点，企图使自己占据上风，对方反而会加强防范心理。所以，应该故意先点破自己的缺点或错误，暂时使对方产生优越感，而且注意不要以一本正经的态度表达，才不会让对方乘虚而入。

如果孩子知道免不了会遭受责备，你何不抢先一步，帮助他们认识到认错的好处呢？人心是很奇特的，当对方发觉你已经承认错误时，便不好再多加指责。如当孩子有求于对方时，你可以教会他一开始就说："我这可能是无理的要求。""我说这些话可能有点鲁莽。"或："我说的话虽是过分点。"此时，即使孩子说的话确实令对方感到厌烦，对方也不会因此而当面指责他。在这种情况下，十之八九对方会以宽大、谅解的态度对待他，忽视他的错误。如果能反复使用，则更能加强效果，还会使对方轻易地听完孩子的要求，并乐于接受他的要求。

戴尔·卡耐基认为，在与他人相处时，在与他人交换意见时，如果你是对的，就要试着温和地、有技巧地让对方同意你；而如果你错了，就要迅速而热诚地承认。这样做，要比为自己争辩有效和有趣得多。

4．以德服人的说服力量

《孟子·公孙丑上》曰："以力服人者，非心服也，力不赡也；以德服人者，中心悦而诚服也，如七十子之服孔子也。"

世上的人千人千面，千变万化，每个人都面临着适应人生、适应社会的问题。所谓以不变应万变，面对大千世界，抱定以诚待人、以德服人的态度来适应人们个性的不同。即便是对冥顽不化的人，也要以诚相待来使他受到感化，所谓"精诚所至，金石为开"。以我之德化，来启人之良知。对于一般人来说，坚持我与美德与之相处，终可德化落后之人，保持真诚平和的人际交往。

正如偌大的星空每颗星星都有自己的位置一样，社会中的每个人无论高低贵贱、大小强弱也都有自己的生存空间。在每个小小的空间里拥有自己的喜怒哀乐、自己的生存方式和习惯。然而这个世界实在太小，生活在这世界上的人却又非常多。每个人的生存空间从来都不是孤立存在着的，而是纵横交错、摩肩接踵、拥挤不堪的。所以要想拥有自己的生存空间，就得以诚待人，以德服人，相互照应，尊重他人的处事方式、生活习惯，与人方便，维护平衡，寻求和谐，共同创造良好生存环境，体现出我们宽宏大度的胸怀。

世界是拥挤的，但是只要心理空间博大仁爱，你看待同一个世界的感觉就不一样。心中塞满了苦恼、私欲、小家子气，那么你拥有整个宇宙也觉得空间太小，太压抑。人人都拥有一个博大仁爱的心理空间，懂得尊重他人，能忍受痛苦、委屈，就会减少碰撞和摩擦，世界就会在心中变大，矛盾减少，欢乐增多，阳光灿烂，生存空间也就自然显得宽阔了。

后汉时期有名的义士陈重，是一个非常大度能自我牺牲的人。有一次陈重同宿舍的人回家，误将邻舍人的裤子带走了，裤子的主人怀疑是陈重拿的，陈重没有分辩一声就买了条新裤子送给那人。传说陈重一生中做了许多这样的事，他的一个同僚负债累累，有一天债主前来要债，陈重就不声不响地帮他还清了债务，而且事后闭口不谈此事。

自己明明没偷，人们却怀疑自己，陈重不但默认了，顶着小偷之名还了一条新裤子，还诚心诚意地破财替人赔偿，是不是太窝囊了呢？其实不是，陈重只是暂时牺牲了名誉，破了点钱财，消除了邻居的怨气，换来的却是平安和永久的信任，因为误会总有消除的时候。

三国时期的刘备曾对其子说过："勿以恶小而为之，勿以善小而不为。"这里所说的为与不为，具有朴素的辩证关系。小恶虽小不以为然，酿成大恶就悔之晚矣，所以不能因其小而为之。小善也是善，积小成大，积少成多，小善就会变大善，所以虽小善也要为之，而且对他人的所作所为能以宽容的态度对待，从情感教育入手，从诚意出发，促使其自觉改掉小恶，完善自己的形象，这也是与人为善的美德。

曹操虽然生性多疑，野心很大，但在军队中却留下了美名。一次麦熟时节，曹操率领大军去打仗，沿途的老百姓因为害怕士兵，都躲到村外，没有一个敢回家收割小麦的。曹操得知后，立即派人挨家挨户告诉老百姓和各处看守边境的官吏：现在正是麦熟的时候，士兵如有践踏麦田的，立即斩首示众。

曹操的官兵在经过麦田时，都下马用手扶着麦秆，小心地过，没一个敢践踏麦子。老百姓看见了没有不称颂的。可这时，飞起一只鸟惊吓了曹操的马，马一下子踏入麦田，踏坏了一大片麦子。曹操要求惩治自己践踏麦田的罪行，官员说："我怎么能给丞相治罪呢？"曹操说："我亲口说的话都不遵守，还会有谁心甘情愿地遵守呢？一个不守信用的人，怎么能统领成千上万的士兵呢？"随即拔剑要自刎，众人连忙拦住。

后来军中有人建议"割发代首"，于是曹操传令三军：丞相践踏麦田，本该斩首示众。因为肩负重任，所以割掉自己的头发替罪。曹操断发守军纪的故事也被传为美谈。

"以诚待人，以德服人"是做人的根本，也是说服他人的根本，只有这样才能让他人口服心服。

别让坏语气成为孩子沟通的习惯

在《维多利亚女王》这部电影里有这样一组镜头：

维多利亚女王很晚才结束工作，当她走回卧室门前时，发现房门紧闭，于是她抬手敲门。卧室内，她的丈夫阿尔伯特公爵问："是谁？""快开门吧，除了维多利亚女王还能是谁？"她没好气地回答。听到屋内没有反应，她接着又敲，阿尔伯特公爵又问："请再说一遍，你到底是谁？""维多利亚！"她依然高傲地回答。可屋内还是没有动静。她停了片刻，再次轻轻地敲门。"谁呀？"这次维多利亚柔声应到："阿尔伯特，我最亲爱的丈夫，是我，维多利亚，你的妻子，请给我开门好吗？"门开了。

有理不在声高，无理寸步难行。但在现实生活中，人们往往欣赏"理直气壮"却忽视"理直气和"的好处。由于沟通者在沟通过程中把握不好沟通的语气，常常会导致不愉快的事发生。其实，对于别人的无知、粗鲁，以声势压人经常收不到好的效果，而以柔克刚则经常会让人收到出其不意的效果。

一位顾客在茶馆里喝红茶。"小姐！你过来！你过来！"顾客高声喊道。等服务人员过来后他指着面前的杯子非常气愤地说："看看！你们的牛奶是坏的，把我一杯红茶都糟蹋了！""真对不起！"服务小姐赔不是地笑道，"我立刻给您换一杯。"新红茶很快就准备好了，跟前一杯一样，放着新鲜的柠檬和牛奶。小姐把红茶放在顾客面前轻声地说："我是不是能建议您，如果放柠檬，就不要加牛奶，因为有时候柠檬酸会造成牛奶结块。"顾客意识到是自己的错，马上闭了嘴，匆匆喝完茶就走了。

有人笑问服务小姐："明明是他不知道，你为什么不直说呢？他那么粗鲁地斥责你，你为什么不还以一点颜色？""正因为他粗鲁，所以要用婉转的方式对待；正因为道理一说就明白，所以用不着大声！"她说，"理不直的人，常用气壮来压人；理直的人，要用气和交朋友！"

沟通语气对沟通效果的好坏起着非常重要的作用。把握好语气，沟通让对方容易接受、愿意接受，才是沟通之道。沟通要充分表达自己的意思和情感，它不是靠提高音量来实现的，而是靠语气的得体而取胜的。当然，沟通语气的运用要分对象，分场合，分时间。不同的情况，要运用不同的语气，这其中的分寸，就需要发话者灵活掌握了。比如在谈心聊天时，说理者的语气要和缓、委婉，不能声色俱厉，咄咄逼人；在劝导别人时要以征询意见的口吻引导对方，少用否定句，多用设问，如果过多使用"你这样做是完全错误的"类似这种态度鲜明、刺激性很强的句子就不太合适了。

但在生活中，到处都是得理不饶人、无理也要辩三分的人。俗话说："饶人不是痴汉。"因此，当双方的争论已到剑拔弩张的时候，占理得势的一方应当有"得饶人处且饶人"的风范，不要过分地穷追猛打，将对方逼入死胡同。虽然说"理直"就"气壮"，但有理也要有礼，有理不在声高。有理再加上得体的语气，才能使说出的话容易被对方接受。

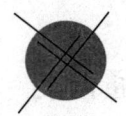

第三章
沟通小达人打动人心的
7 种方法

小小的语言智慧，放大的沟通技能

1924 年 5 月 8 日，印度大诗人泰戈尔在北京度过了他 64 岁寿辰。北京学术界代表在东单三条协和礼堂为泰翁举行了祝寿仪式。

郭沫若先生首先登台，向泰翁祝辞："泰翁要我替他起个中国名字。从前印度人称中国为'震旦'，原不过是支那的译音，但选用这两个字却含有很深的象征意味。从阴雾霾霾的状态中必然一震，万象复苏，刚在扶桑浴过的丽日，从地平线上涌现出来，这是何等境界。'泰戈尔'原文正合这两种意义，把它意译成'震旦'两字，再好没有了。从前自汉至晋而西来的'古德'（"古德"，就是古代有道德的高僧）都有中国姓名，大半以所来之国为姓，如安世高来自安息，便姓'安'，支娄迦谶从月支来便姓'支'，康僧会从康居来便姓'康'，而从天竺——印度来的都姓'竺'，如竺法兰，竺佛念，竺护，都是历史上有功于文化的人。今天我们所敬爱的天竺诗人在他所爱的震旦地方度过他 64 岁的生日，我用极诚恳、极喜悦的心情，将两个国名联起来，赠给他一个新名，叫'竺震旦'。"

这时，全场宾客热烈鼓掌。梁启超先生起身接着说："我希望我们对于他的热爱，跟着这名字，永远嵌在他的心灵上，我希望印度人和中国人的旧爱，借'竺霞旦'这个人复活起来！"

综观古今中外，凡是成就事业之人无不是拥有一副好沟通力、金沟通力，而这些拥有好沟通力、金沟通力的成功者，大都是学富五车、才高八斗的饱学之士。

郭沫若先生和梁启超先生都是我国近代的著名学者，他们学贯中西，才华横溢。因此，才能说出如此富于理性和知性的话语。

古人的语言总是那么充满智慧，家长们心中不免会生羡慕，心想，我们怎样做才能帮助孩子的语言更富于知识性呢？什么时候孩子能够说起话来，出口成章、舌灿莲花呢？

要想使孩子的语言充满智慧，就应该从多读书开始，只有广泛涉猎，才会多多获益。有道是"开卷有益"嘛！

1. 多读书，厚积才能薄发

孩子才能的大小，首先取决于他自身知识的多寡、深浅和完善程度。同样，孩子是否会沟通，也与他的学识是否广博有着密切的联系。一个让人信服的沟通者，必须能够旁征博引，言之有物，一语中的。这就要求你必须具有深厚的文化功底。

书籍，是获取知识的重要途径。沟通力的魅力深深扎根于知识的土壤中。莎士比亚说过："书籍是全世界的营养品。"它鉴证了人类的历史发展脉络，记录了古往今来所积累的知识和经验。美国前总统尼克松说过："所有我认识的伟大的领导人，几乎都有一个共同的特征，那就是他们都是伟大的读书者。"只有多读书，读好书，才能不断扩大知识面，才能讲起话来思如泉涌、滔滔不绝，才能功成名就、闻名遐迩。所以，要想孩子在沟通中施展自己的语言魅力，就要让孩子保持强烈的求知欲，勤学笃志，不耻下问，持之以恒地积累知识，这样才能有渊博的学识和广博的见识，才能不被时代所淘汰。

古今中外的政治家、大学者无不以有沟通力和知识渊博而著称。林肯在葛底斯堡的演说闻名于世，它的全文已经被刻在一块钢板上并被陈列在牛津大学的图书馆中。演说稿结尾的句子"要使我们这个民有、民治、民享的政府长存于世"已经成为文字的典范。事实上，这个句子不是由林肯独创的。早在几年前，林肯的律师合伙人赫司登曾送给他一本巴克尔的演说全集。林肯读完这本书后记下了书中的这句话："民主就是直接自治，由全民治理，它属于全体人民，并由全体人民分享。"林肯把这句话进行加工之后用在了葛底斯堡演说中，取得了巨大成功。

苏联著名电影导演阿马格·洛柏里，在听完瓦西利耶维奇一篇出色的演讲后惊叹道："我不明白，我简直感到极为惊讶。我整天没有离开您一步。您做这篇报告之前并没有做过任何准备啊？"瓦西利耶维奇十分严肃地回答说："我一生都在为这篇报告做准备。"

如果没有丰厚的知识储备，在沟通的过程中就会捉襟见肘，漏洞百出。俗话说，"熟读唐诗三百首，不会做诗也会吟"，说的就是这个意思。只要平时多读书，读好书，就会获得丰富的词汇，孩子演说和沟通时，优美的语言就会脱口而出，不召自来。因此，孩子要潜心苦读，勤记善想，揣摩寻味，持之以恒，这样才能尝到醇香厚味。

所以，只有对各个领域的知识诸如历史、地理、经济、文学、美学、社会学、心理学，以及现代科学技术知识等兼收并蓄，才能厚积薄发，从容应对各种场面。没有深厚的积累和素养，没有长期的实践和磨砺，就不可能做出高水平的沟通。

由此可见，读书不仅能够增长学识，还能有益沟通，博学多才者的言辞往往能博得满堂彩。那么，什么样的语言才算是充满智慧呢？

（1）言之有物

书能增加沟通的素材。在读书的过程中，孩子可以了解到不同的思想和文化；还可以畅游于不同的时空之中，见识不同时代和地域的风土人情。知道的东西多了，沟通的时候就很容易左右逢源，做到话题信手拈来，完全不必存有"没话说"的顾虑了。

（2）引人入胜

读书能增添语言的吸引力。书籍本身也是一种语言的表达方式，只是这种表达方式是用文字来直接呈现的，通过视觉来作用于思维。多读书，等于间接地多学习了一种表达方式。这对优化孩子的语言、提高沟通的品位是很有帮助的，保证孩子的语言能够更吸引人。

（3）令人信服

读书能增强语言的说服力。书籍和沟通相比，最大的特点就是体系完整、结构清晰、逻辑严密。孩子在读书的过程中，还会自然地受到作者写作思维方式的熏陶，日久天长，孩子沟通也会变得更有条理，更具说服力。

（4）格调高雅

读书能提高沟通人的涵养。书是人类的精神食粮。读书除了可以给予孩子大量的知识，更重要的是还能与知识背后的深刻思想发生心灵上的碰撞，产生朵朵耀眼的精神火花。不但可以学会怎么把话说得更精彩更巧妙，还充实了心灵，懂得了做人的道理。沟通最能体现一个人的修养，把话说得"有理"且"有礼"，格调高雅，才是沟通的最高境界。

2. 多动笔，舌灿莲花

小周是个非常开朗活泼的男生，他对自己的表达能力充满了自信，所以很热心集体的活动，学校组织的演讲比赛、辩论赛、故事会等活动更是一个也不放过。可奇怪的是，他每次参加这些活动的成绩都不理想。就拿演讲比赛来说，他有好几次连前三名都进不了。小周对此感到十分不理解：自己明明是个"很能说"的人，怎么连个名次都拿不到呢？

逐渐地，小周开始怀疑起自己的表达能力。他找到景老师，向她倾诉了在心中积压已久的苦恼。景老师听完只是会心地一笑，给小周布置了一篇600字的记叙文，并告诉他，写完之后大声朗读几遍，就一定能找到苦恼的"解药"。小周按要求完成了老师布置的作文，才对自己的作品读了不到五遍，他恍然大悟……

他发现，自己的语法基础知识不扎实，行文过程中有很多语病。语言不够简明，一些一句话就能表达清楚的意思却啰啰唆唆说了很多句，还以为自己表达得更为详细了；语句不很连贯，乍看每句话都没什么大问题，可一旦把这些话凑成一段，就有点上句接不上下句的感觉了；从通篇来看，文章的中心主题不够突出，文章的内容松散且显得有一点凌乱。这就是小周沟通的"症结"所在。其实，孩子每次演讲也好，辩论也好，讲故事也好，甚至与人沟通，都好比一次口头作文。只是这些作文不是写在稿纸上的，而是"写"在你的大脑里。试想，如果连纸上的笔头作文孩子都难以驾驭，那么口头作文就算再好也是有限的。所以说，有时要想"会说"，还真的离不开"会写"。写作恰恰是检验表达水平，修正语言错误，最终达到提高演讲沟通力的有效手段。

如果现实中你的孩子有与小周类似的苦恼，建议你事先尽量帮助孩子把要说的内容用文字写出来，仔细检查一下孩子所写的文字是否简明、得体、连贯、通顺，纠正当中包含的任何一点语病；想一想，这些文字是否能表达一个共同的中心思想，而这个中心思想又是否与他将要说出的话的意思完全一致；如果时间不充裕，来不及写出全文，可以尝试列一个沟通提纲，用概括段落大意的方法把想要表达的主要内容写出来，再检查一下这个提纲的结构是否完整，各个要点能不能组成一个有机的整体；要是出现因临时发言，连提纲也来不及写的话，建议你要求孩子事后一定要努力地回忆，把说过的话记录整理出来，看看当中有没有什么语言问题，以便今后改正。

平时有空的时候可以要求孩子多写写日记、周记，一方面可以积累沟通的素材，丰富语言的内容；另一方面还可以使孩子的语言组织能力在不知不觉中得到改善。

常言道："读万卷书，行万里路。"只有具备深厚的知识积累，才会使孩子的语言更加丰富、更加动人，才会彰显出孩子的良好气质和修养。

3. 用心体验生活，积累沟通素材

俗话说，读万卷书，行万里路。这句话说明了获取知识的来源：一是靠广泛涉猎，博览群书；二是靠丰富阅历，见多识广。言语是以生活为内容的，有生活，有实践经验，才有谈话的内容。所以，要想会沟通，就必须用心体验生活，积累沟通素材。

一个高水平的沟通者是靠平时日积月累练就的，而不是一时匆忙拼凑所能达到的。很多即兴沟通看起来是临场发挥，实际上，沟通的人就是因为在平常的生活中善于积累沟通素材，并持之以恒，才能够临场即兴发挥，侃侃而谈。所以即兴沟通，往往是检验一个人知识程度和生活阅历的尺度。在当今的信息社会，知识、信息更新得很快，即使孩子"才高八斗，学富五车"，也会在不断丰富和更新的知识海洋中感到自己学识的贫乏。所以，我们必须教孩子处处留心生活，在生活中磨炼自己的语言功底。

知识积累除了读万卷书外，还要行万里路。处处留心皆学问，这就要求孩子多参与社会实践，在实践中增长真知灼见。媒体是孩子获取信息的主要途径，广播、电视、网络、报刊等在生活中到处可见。所以，经常听广播、看电视、上网、看杂志等，都可以增长见识、积累知识、拓展思维。而且这些活动在闲暇时候就可以做，不需要孩子专门拿出时间专注地做这些。另外要注意让孩子搜集并积累警句、谚语。最好能用一个笔记本，把一些好句子、一些趣事、警句、谚语一一记下来或剪贴下来；在听别人的演讲或别人的谈话时，要让孩子牢记别人说过的精彩句子或警句、谚语，并在心中重复。就

这样一点点地积累，久而久之，孩子谈话的素材、资料就越来越多，说起话来也就越来越条理清楚，出口成章了。

多出去旅游，游览名胜古迹也是一个积累沟通素材的好方法。我国幅员辽阔、风景优美，具有深厚的历史文化底蕴。多带孩子到各地走走，一来可以劳逸结合，二来可以借机学习各地的民俗、人文和地理，因为各地都有一些具有本地特色的历史古迹和自然风光，这些东西如果孩子不去接触了解，也许一辈子也不会知道。

再就是要勤学好问。俗话说："三人行，必有我师。"所以，遇到某些领域里比自己知识丰富的人，一定要让孩子虚心请教，抓住一切机会丰富自己的知识。同时也要注意培养孩子观察问题、思考问题的能力，提高思维的敏锐性，增强想象力和敏感度。对于新鲜事物，还要保持一颗好奇心去了解和体验，这样才不会落伍。当别人谈论起这些新潮流、新事物时，孩子就不会显得孤陋寡闻。

沟通是一门艺术，所能表达的内容包罗万象，如果只在技巧上下功夫，而忽略了自身素质的培养和沟通知识的积累，只能是舍本逐末，徒有一副空架子。

独树一帜，反而更受欢迎

著名的相声艺术大师马季先生的相声表演独具艺术特色。他从艺50余年，在舞台上尽情挥洒着专属于他的幽默、讥诮、聪捷与憨浑。他的语言洋洋洒洒，富于变化。嘴皮子利索，足见其功底深厚。

下面我们就摘取马季先生的经典段子《宇宙香烟》一个片段：

"我是宇宙卷烟厂的，我想给大伙儿推荐一种新型香烟，就是这个'宇宙牌'香烟。我们这个产品价廉物美，这可不是老王卖瓜，自卖自夸。就我们这个产品，现在已经行销全国好多个城市，括弧，包括台湾。我们还准备冲出亚洲，打入国际市场咧！怎么保住我们的销售量呢？我们就是经常换换牌子，三天两头地换咧！原来我们生产的香烟叫'蜣螂虫牌'，虽然这个牌子不够响亮，可是它乡土气息很浓——滚粪球儿的！您想这牌子能不臭了吗？

"为了扩大销售量，我们要为宇宙香烟大造舆论咧！首先我们要大做广告哇，不管是地铁车站、繁华街道、墙壁橱窗到处都有我们宇宙香烟的广告！

"我们宇宙香烟历史悠久，经验丰富，设备完善，技术一流，请您记住，电报挂号，一推六二五；电话，不管三七二十一……"

大师虽然已经辞世，但"宇宙香烟"却依然留香人间，令人回味，我们依然可以感受到大师独具魅力的语言风格。

对孩子而言，培养独树一帜的沟通风格，将起到意想不到的效果。你之所以为你，就是因为你与众不同。所以，孩子沟通时一定要体现出自己与众不同的地方，这样才会显示出其独有的魅力，吸引对方，让别人记住自己。树立自己独特的沟通风格，用铸造起来的沟通魅力引起别人的注意，就更容易得到别人的信服。

沟通的风格因人而异，所以表现形式就多种多样。如果孩子是一个雷厉风行的人，那么他可以打造干净利落的沟通风格；如果孩子是一个沉默、不善言谈的人，他可以展现惜字如金的魅力，培养话少但精的沟通风格；如果孩子是一个生性开朗、热情有活力的人，他就要打造出笑口常开、热力四射的沟通风格；如果孩子是一个幽默风趣的人，他可以打造出机智幽默的沟通风格。如此等等，不一一列举。打造孩子的沟通风格，最重要的是从孩子自身的优势出发，扬长避短。这就要求孩子首先必须充分认识，了解自己，对自己的气质、风度、知识、认识、性格、爱好、音色、音量、语调语气都要有一个正确的评估。一个人气质和风度虽然与五官、身材、服饰有关，反映在一个人的音容笑貌及举手投足之中，但从本质上来看，却是一个人的内在修养、学识的外在表现，与人生活的环境、经历、教育类型和程度、社会地位等密不可分。由于人各不相同，在谈话时就会表现出或活泼，或文静，或快言快语，或思维敏捷，或沉稳持重等各种风格。比如一说起倪萍，人们就会想到她善于煽情的沟通风格，一说起赵忠祥，人们头脑中就会浮现出他语气平和的沟通风格，而一想起周星驰，人们自然把其定位为无厘头的沟通风格。

沟通的风格，对孩子的成功与否关系重大。因为孩子沟通的风格，不仅仅反映出孩子词汇的积累量和使用词汇的方式方法，更反映出他的生活阅历、对人生的态度和个人的修养。在谈话的时候，表现出自己的风格是上策，但要努力发展孩子自己的独特风格，而不是去发展别人的独特风格。也许刚开始建立自己沟通风格的时候，孩子可能会寻找一些自己欣赏的人物作为楷模，鹦鹉学舌，从模仿开始。但模仿并不是最终的目的，即使孩子模仿得再好，也不能突出自己的本色，弄不好还给人弄虚作假的感觉，这样就很难得到别人的信服。因此，要帮助孩子不断给自己充电，不断探索，不断创新，在实践中找准自己的定位，最终创立自己独特的沟通风格。然后再通过孩子的言语行为和非言语行为，让对方感受到他的个性化的语言、个性化的举止，他就很容易被人记住。

不良的口头禅，不能让孩子使用下去

肖云是一个年轻的大学生，她音色甜美，口齿清晰，说起话来感情丰富，又富于节奏感，按理说应该是极具感染力的，但是她说的话却极少能够引起别人的共鸣，主要原因在于肖云有一个坏习惯，就是爱说"那个"。平时，如果遇到她不知道该如何形容的事情时，一律用"那个"代替。渐渐地，朋友们也就习以为常，对于"那个"到底是"哪个"也只有自己去揣摩。

有一次，肖云参加一场演讲比赛，当她在台上充满激情地演讲时，在台下的评委老师们却不时地紧锁眉头。最终，肖云没有取得名次。这让肖云很不理解，她觉得自己不管是外在形象、声音条件、情感表达，还是普通话上都是占有优势的，可为什么没有取得名次呢？

最后，评委老师的点评让肖云心服口服了。评委老师说，在肖云演讲的20分钟里，竟然说了160多个"那个"，以至于在关键的地方，所有的老师都不明白"那个"到底是指什么。

"那个"就是肖云的口头禅。其实在我们的生活中，几乎每个人都有自己的口头禅，而口头禅的种类也是五花八门。有的人遇到压力大的事情就喜欢说"累死了""我疯啦"，遇到惊奇的事情就说"天啊""哎哟"。每个人沟通都有自己独特的习惯，可是如果没说两句话就来个口头禅，那倒是有些让他人难以承受。

其实，口头禅并不是什么严重的语言障碍，在大多数情况下是不会妨碍语言表达的。可口头禅一旦过度，就会产生阻碍，它让语言少了顺畅感和利落感。

怎么才能戒掉孩子的口头禅呢？

1. 逐步矫正法

如果孩子一时很难完全克服自己习惯已久的口头禅，可以试着从减少字数和次数开始矫正。例如，孩子原来的口头禅是"那么……"，现在就说"那……"，再慢慢完全改掉。

2. 他人监督法

可以请身边的人，例如，请老师和同学一起监督孩子，让他们一发现孩子讲口头禅就提醒他，甚至批评他。或者可以让孩子和身边的人打赌，用这种办法避免自己冒出口头禅，如果"犯规"，就接受"惩罚"。

3. 同义语替代法

口头禅之所以有时招人讨厌，是因为一个词语在有限的话语里重复的频率太高了。可以用同义语来降低这种频率。例如，如果孩子的口头禅是"拜托"，可以试试用"求你了""帮帮忙""行行好嘛"等不同语句来分别替代各个"拜托"，最终用丰富的语言战胜单调的口头禅。

4. 代词还原法

如果孩子的口头禅是"那个""这个"的话，下次沟通之前不妨让他仔细想想"那个"和"这个"到底是什么东西。如果指代的是人，就把它还原为人称；如果指代的是事物，就还原为事物的名称。这样沟通既清晰明了，又消灭了口头禅。

总之，要改掉坏习惯关键在于决心和毅力。而一个人的坚强意志则是通过千百件的小事长期锻炼出来的，可以说改掉不良的口头禅也是对孩子意志力的一种磨炼。相信孩子一定会获得成功！

人人都爱的体态语

在人们的彼此交流中，言语沟通固然重要，但人的体态、肢体动作，比如眼神、面部表情、手势、身体动作等，也是沟通时必不可少的辅助性动作。不要小看这些行为语言，体态语在沟通过程中具有特殊的表达功能。它们虽然不如语言沟通那么直观，但它对于交往的成败和言谈的效果有着重要的影响。但是，它毕竟只是完成表达任务的手段，而不是沟通所追求的最终目标。因此，体态语并没有独立价值，而只有辅助价值，在沟通过程中处于从属地位。正是这种从属地位决定了体态语的设计和运用必须由表达的内容、情绪、对象等因素的特点来决定。

体态语的设计必须遵循以下几个基本原则：

第一，要服从内容表达的需要。这是体态语设计的根本宗旨。

第二，要服从情绪表现的需要。任何表情动作都是人的内在情绪和感情的体现。体态语的设计必须合着感情的脉搏，服从情绪的支配，该哭则哭，该笑则笑，该怒则怒，该怨则怨，所有动作须随着沟通情感的起伏自然而然地发出，切不可故作姿态，装模作样。

第三，要服从对象、场合的需要。无论表情、动作、姿态、衣饰都须考虑和适应特定的对象和场合。

第四，要服从审美的需要。体态动作直接作用于人们的视觉器官，美则令人悦目赏心，丑则令人反感厌恶。因而无论何时何地、坐着站着，一颦一笑、一招一式，都要注意造型美，以适应人们爱美的心理。美是沟通力的形象，也是沟通力的境界。因而你的谈吐、举止，都须服从审美的需要。

体态语一般包括姿势语、手势语和神态语，具有形象性、直观性，容易感染别人。体态语的设计旨在协助有声语言更好地表达自己的思想感情，因而必须做到：

第一，要自然，这是对体态语的第一要求。动作要自然，自然见真淳。有的人沟通时，动作生硬、刻板如木偶；有的人则刻意表演，动作和姿态总是那样做作，像在"背台词"。这都使人觉得别扭、不真实，缺乏诚意。孙中山曾这样告诫人们，"处处出于自然"，即使"有时词者严重"，也"不可故作惊人模样"，这样才能博得人们的信赖。因此有人说，宁要自然的雅拙，不要做作的乖巧。这不是没有道理的。

第二，要简洁明了。动作要大众化，举手投足要符合一般生活习惯，简洁明了，易于被人们看懂和接受。不要搞得烦琐复杂，拖泥带水，不要龇牙咧嘴、手舞足蹈地像在表演戏剧。否则，不仅会喧宾夺主，妨碍有声语言的正常表达，也叫听的人眼花缭乱，不知所以。要注意克服不良的习惯动作，无意义的多余的手势务必去掉。

第三，要适度适宜。即要求动作要适量，以不影响听者对你沟通的注意力为度，不要用得过多。有的人做的动作比说的话还多，那不是在沟通，而是表演。所谓适宜，即要求动作必须与沟通的内容、情绪、气氛协调一致，不要故作姿态、故弄玄虚甚至手口不一。据说美国前总统尼克松在一次招待会上举起双手招呼记者们站起来，嘴上却说"大家请坐"，使记者们大感不解。于是，这一沟通时动作与内容的不协调成了逸闻。

第四，要富有变化。沟通时，适当的重复动作是完全必要的，它往往能重现或强调原来的情绪。但不要总是重复一种姿势，如果一种表情、一种手势到底，则单调乏味，呆钝死板。因此，要善于随着内容、情绪的变化适当地变换动作和姿态，以期生动活泼、富有朝气和魅力。

一个很有说服力的沟通者，其体态语必定会与言语配合得天衣无缝，非常默契，现场表现得也必定合乎时宜，落落大方。如果一个人在沟通的时候只有嘴在动，身体的其他部位都是静止的，只会显得拘谨呆板，他说出来的话即使再有理也引不起听众的兴趣。所以，当孩子在与人沟通时，不仅仅要用口，还要学会使用眼神、面部表情、手势等肢体语言来帮助他更好地把想要表达的东西表达出来。几乎每一种体态、每一种动作都是一种特殊的语言，反映着一个人的文化修养与内心世界。

1. 手势

手势在口语沟通中起着重要的作用。人们常说手是人的第二张面孔。在不同的场合，不同手势有各自特定的含义。比如说两人会面，一般会先握手。握手有力，给人热情、友好、处事果断的感觉；握手无力，给人敷衍、冷漠、漫不经心、没有魄力的感觉。谈话时如果双手背后，常表现出自信、思考；如果安慰或鼓励别人时，可以拍拍别人的肩。这些手势，往往能加强语言力量，丰富语言。

当然，手势语也不能滥用，要适可而止。有些小动作如在谈话时摸鼻子、挠头发、把手指关节弄得吱吱作响等，会损害自我形象，影响表达效果。所以一定要孩子改掉这些不良习惯。

2. 眼神

眼睛是心灵的窗户，在体态语中，眼神的交流就显得特别重要。

一般说来，在谈话中，目光正视对方的前额，表现的是一种严肃、庄重、平和的态度；目光仰视，表示思索、盘算；目光注视对方双眼与嘴部之间的三角区，是一种较亲切的交往的态度；目光捉摸不定，不敢正视对方，常常是胆怯、害羞，或内心有隐秘的表现；目光斜视，则表示一种轻蔑、鄙视的态度；目光移向别处，可能表现出厌恶或拒绝；注视时瞳孔放大，常常表现出爱和兴奋等。

眼神最能反映心中的细微情绪。如果眼神不适宜，必然会影响交流，所以我们一定要重视孩子对眼神的训练，注意在沟通中眼神交流的运用。

3．面部表情

面部所表现出来的各种各样的神态和情感，最能吸引对方的注意。因为人的情绪、气质、态度都写在脸上，未开口沟通时别人就会捕捉到一定的信息。人的表情千变万化而又十分微妙，能够真实、准确地反映情感和传递信息。

眉毛上耸，常表现惊讶、欣喜或害怕；单眉上扬，表现询问、不解；皱眉头则表示不同意、反感、烦恼或是强忍愤怒；脸上泛红晕一般表示羞涩或激动；脸上发青发白则表示生气，或受到惊吓；嘴角上翘，常表现乐观、豁达、好交；嘴角向下，则常表现悲观、不满或固执；嘴唇噘着则表示生气、不满等。

4．肢体动作

肢体动作在人际交往中起着重要作用，人的身体动作也可以表现人的心态是充满信心，还是不安、恐惧；是专注倾听，还是兴趣不大。良好的身体姿态能给人以美好的印象，增强双方沟通的效果。

公众场合中不要偏倚一侧站立或斜靠门站立，这会给人一种漫不经心、吊儿郎当的感觉；沟通时要挺胸，表现出自信；沟通时不要左晃右晃，斜肩弓背，挪来挪去；坐在座位上与人沟通时身体稍稍前倾，表现出专注。

体态语只是支持、辅助有声语言，加强有声语言的力度，增强有声语言的效果。但这并不是说在交际中体态语无足轻重，虽然体态语是辅助的，但它的作用却是不可替代的。

沟通力强的孩子必然拥有的条理性

春秋时期，晋国和秦国联合包围了郑国的都城，郑国危在旦夕。烛之武受郑文公的委派，见了秦穆公，说："秦、晋两国联合围攻郑国都城，郑国人知道自己死定了。如果灭掉郑国能够对您有好处，您劳师动众自然还值得。但是，隔着晋国的大片疆土来把远方的郑国作为贵国的边疆，您会懂得这是不大好办的。何必帮助灭掉郑国来便宜您的邻邦？邻邦的版图扩张，就是贵国的实力削弱啊。如果能够保留下郑国，作为您东方通道上的接待站，这对您也并没有害处。再说，那个晋国，哪里会有满足的时候呢？等它在东方向郑国开拓了疆土，就会再向西去扩张。如果不去损害贵国，它又向哪里去夺取土地！像这样损害贵国来养肥晋国的做法，您要多考虑啊！"秦穆公听了打心底同意，就跟郑国定了和约。晋国看到这种情况，也就撤兵回国了。

这是春秋时期，鲁国史官左丘明所著的编年体史书《左传》中记载的"烛之武退秦师"的故事。

烛之武的这段话说得非常有条理，也有明确的中心，烛之武紧紧围绕灭郑对秦国没有好处这一中心来说理，这就突出了问题的关键。他一开头就表明自己是为秦国的利益来做说客的，这就消除了对方的戒心；接着从地理位置分析灭郑对秦有害，存郑对秦有益；最后指明晋国才是秦国的潜在敌人。这番话说得有条有理，层次分明，使人一听就信服，最终说服了秦穆公。

孩子在日常交际的言谈中也应该做到沟通有条理，这也是会沟通必须具备的素质之一。那么，怎样才能做到沟通有条理呢？

1. 条理分明，层次清晰

在叙说事理的时候，最重要的是层次清晰、条理分明，千万不要面面俱到，芝麻西瓜一起抓。事实上，在现代社会中，没有人愿意听长篇大论，滔滔不绝，所以必须在沟通时言简意赅，一针见血，善于抓住重点。

2. 逻辑明晰，主旨突出

沟通的条理在于思维的条理，在于对事物的理解，孰重孰轻，孰大孰小，心里首先要有数。世界上的事物都有包容关系：小的组成大的，大的组成更大的。一个事情的发生必然有外因。用语言表达事物也是一样，必须了解事物是如何产生、由什么组成的，再分层次地表达即可。

因此，沟通时一定要让孩子注意先后的逻辑性，哪些在前哪些在后，哪些是重点，哪些是细枝末节，材料如何组织排列，中心如何突出，都要安排得合理恰当。要做到中心明确，言之有物，集中主题，避免多主题或分散主题。在关键的环节要说得尽可能详细，其他不必要的地方一语带过即可。说重点，不要面面俱到，否则孩子会很累。当然，孩子要有明确的观点，还要根据不同场合确定沟通的中心主旨。

3. 简练有力，直奔主题

"言不在多，达意则灵"，孩子在沟通的过程中一定要避免使用冗词赘语，否则就会词不达意，让对方根本就不知道他到底想表达什么意思，这样的沟通效果说了还不如不说。

因此，沟通一定要简练有力，直奔主题，条理清晰，层层推进，逻辑性强，这样才能清楚地表达出自己想要表达的东西，使对方心领神会，吸引他们的注意力，从而达到沟通的目的。

　　总之，不管碰到的事情多么复杂棘手，不管它里面包含了多么深奥的思想，一定要让孩子学会概括和抽象，从感情认识上升到理性认识。而这些理性认识就是事物的本质，只要你善于抓住它，就一定能提纲挈领，一通百通。

每个孩子都该学会的好感吸引法则

有一次，上帝问一只被囚在笼中的画眉："你愿意到天堂去生活吗？""为什么要去那里呢？"画眉问。"天堂宽敞明亮，不愁吃喝。""可我现在也很好啊。我吃喝拉撒，全由主人包办，风不吹头，雨不打脸，还能天天听见主人沟通、唱歌。"画眉回答。"可是，你自由吗？"听了上帝的话，画眉沉默了。于是，上帝以胜利者的姿态，把画眉带到了天堂。他把画眉安置在翡翠宫里住下，便忙着处理各种事务去了。

一年后，上帝突然想起了画眉，便去翡翠宫看望它。他问画眉："啊，我的孩子，你过得还好吗？"画眉答道："感谢上帝，我活得还好。""那么，你能谈谈在天堂里生活的感受吗？"上帝真诚地问。画眉长叹一声，说："唉，这里什么都好，只是没有人和我沟通，使我无法忍受。您还是让我回到人间吧。"听了这话，上帝不禁大为感慨。

随着社会现代化的进程加快，人与人的竞争日益加剧，人与人之间的和睦相处和协作也变得越来越重要。学习人际交往知识，掌握人际交往本领，提高人际交往水平，是当今时代的青年人必须具备的基本素质。其实，故事中的画眉、上帝、天堂都只是一种象征，但它却告诉我们人际交往中语言的重要性。人际交往离不开语言，得体的言谈举止对孩子获得沟通对象的好感极为重要。

1.多提善意的建议

当一个人表达对孩子的关心时，只要这份关心不会伤害到孩子，并且对方还提了一些善意的建议，孩子当然会欣然接受，对这个人产生好感。反过来孩子对别人若也如此，别人也会同样对孩子产生好感。满足他人自尊心最佳的方法就是提出善意的建议。

2.偶尔暴露自己一两个小缺点

有时坦率地暴露缺点，反而会迅速获得对方的信任，给对方留下一个正直、诚实深刻的印象。只是暴露自己的缺点并不是毫不保留地将所有的缺点都暴露出来，如此做，反而使人认为我们的孩子是个毫无可取之人，因而丧失了对他的信任。

3.记住对方所说的话

一位心理学家应邀去演讲，不料主办方却问他："请问先生的专长是什么？"他颇为不高兴地回答："你请我来演讲，还问我的专长是什么？"

招待他人，或是主动邀约他人见面，事先多少都应该收集对方的资料，这是一种礼貌。换句话说，表现自己相当关心对方，必然能赢得对方的好感。

记住对方说过的话，事后再提出来做话题，是表示关心的做法之一，也是沟通的策略之一。尤其是兴趣、习惯、梦想等事，对对方来说是最重要、最有兴趣的事情。一旦提出来作为话题，对方一定会觉得很愉快。

4.呼叫对方的名字

在沟通时，常说："来杯咖啡好吗，莱克先生？""关于这件事情你的想法如何，莱克先生？"频频将对方的名字挂在嘴边，这种作风往往使对方涌起股亲密感，宛如彼此早已相交多年。其中一个原因是对方感受到自己已经认可他了。

在我们的社会里，晚辈直接呼叫长辈的名字，是种不礼貌的行为。但是，平辈之间借着频频呼叫对方的名字，来增进彼此的亲密感，应是个非常有益于彼此交往的方法。

5.注意细节投其所好

有位朋友有个奇怪的习惯，总是把他人名片的背面写得密密麻麻。与其说他是为了整理人际资料或是不忘记对方，倒不如说是为了下一次见面做好准备。也就是说，将对方感兴趣的事物记录下来，再度见面时，自己就可以提供对方关心的信息作为礼物。即使只是见过一次面的人，若能记住对方的兴趣，比方说钓鱼，在第二次、第三次见面的时候不断地提供钓鱼方面的知识或是趣事，借此显示自己对于对方的兴趣很关心，结果，必然使对方产生很大的好感。

沟通不要只是说，更要学会听

古时候有一个国王，想考考他的大臣，就让人打了三个一模一样的小金人让大臣分辨哪个最有价值。有一位大臣仅用一根稻草试出了三个小金人的价值，他把稻草依次插入三个小金人的耳朵，第一个小金人的稻草从另一个耳朵出来，第二个小金人的稻草从嘴巴里出来，只有第三个小金人，稻草放进去以后，什么响动也没有，于是这位大臣认定第三个小金人最有价值。

同样的三个小金人却存在着不同的价值，第三个小金人之所以被认为是最有价值也因为其能倾听。其实，在现实中为人处世也是同样的道理，最有价值的人，不一定是最能说会道的人，善于倾听，消化在心，这才是一个有价值的人应具有的最基本的素质。

孩子从学校学习读、写、说，但从未学习如何倾听。倾听也许是所有沟通技巧中最容易被忽视的部分，但是要想做一个会沟通的人，首先就必须得做一个会倾听的人，也就说要先做一个好听众。

可事实上，并不是人人都善于倾听。人往往有一种表现欲，喜欢在以自我为中心的孤僻区域喋喋不休，喜欢把自己的优点在别人面前一览无余，喜欢逞一时之快，喜欢看到别人被自己说得张口结舌和不知所措的表情。于是，心高气傲的人们之间便多了一份隔阂，少了一些包容，多了一些冲动，少了一点理智。

倾听，有两层意思，第一层意思是要求沟通时要用心，要细心。"倾听"，既是细心听、用心听的意思，这也是一种礼貌，表示对沟通者的尊重。第二层意思是要"会听"，要边听边想，思考别人说的话的意思，能记住别人沟通的要点。

下面，我们就从方法的角度，来谈谈如何教孩子一个好听众。希望下面提供的几个方法能对各位家长有所启发：

1.表示倾听的诚意

沟通是由听和说两部分组成的，在沟通过程中，听和说是交替进行的，所以学会倾听别人的谈话很关键。在倾听时，不但要兼顾耳到，还须兼顾心到及各种器官的集中，眼睛要始终注视着对方，拿出诚意，真心地关注他人的话语。即使你不发表任何见解，也能使自己和同学、朋友都产生一种相互间被信任的感觉，而从中得到慰藉。

2.保持好奇心

如果孩子希望自己能够用心聆听别人的谈话，那就必须让他们明白对别人的谈话内容保持好奇心的重要性，并能够利用对方沟通的间隙，用几句简单的话语来表示你对他沟通内容的关注。比如，"有这种事？""太有趣了！"这一定可以令对方感觉到被重视，愿意与孩子继续沟通下去。如若孩子心不在焉，或者做一些与谈话无关的事，甚至当对方偶然问孩子一些问题时，他会因为没有留心听对方沟通而无从回答。这样别人就会觉得孩子不尊重他，自然也就会没心情和孩子继续沟通下去了。

3.不要随便插话或纠错

也许对方说的话是不对的，但即使这样，也要教会孩子不要在与别人沟通中随便插话或纠正错误，这不仅会引起对方的反感，而且还是不礼貌的表现。即使他真的错了，或者他不同意对方的看法、见解，也要耐心等待别人说完，然后再找时机婉转地纠正他的错误，或者表达自己的见解。

4. 适当给予回应

适当予以回应，这样可以让人觉得孩子在用心听，对方会更愿意与孩子沟通。当然，适当的回应并不代表只说一些"嗯""哦""是吗""啊"之类的词，总说这些词，不仅令人听起来枯燥单调，而且对方也会怀疑孩子是在敷衍他。不妨用"我能理解你的感受"或"我想我明白了"等简短的话语来代替那些单调的词汇。

5. 用眼神回应对方

当不方便插话时，眼神的交流就显得很重要。这不仅表明孩子在认真听他讲话，而且对方也能从孩子的眼神中把握孩子的感受，以便调整自己的言谈。

倾听是一种幸福的享受，生活中我们不妨倾听父母那喋喋不休的唠叨，这是一种爱意的释放；人无完人，金无足赤，每个人都存在着缺点，每个人的工作方法与思路也绝不是完美的，这就需要他人来指出。而作为倾听者需以虚心求学的态度来接受。发自内心的逆耳之言是一种关心，更是一种爱护和帮助。学会倾听逆耳之言就是对这种爱意和关怀的幸福的享受。

倾听是一种与人为善、心平气和、虚怀若谷的姿态。有了这份姿态，就会多听一些意见，少说几句怨言，或许就意味着家庭中多了一分和睦，同学间多了一分和谐，朋友间多了一分和气。

倾听是一种真挚深情的关爱，孩子要善于去接近和亲近周围所有的人，要学会倾听他们的倾诉，对周围的亲人、朋友，甚至所有不相干的陌生人，伸出手，在别人最困难迷惑的时候拉上一把，去用心地倾听，以真挚的情感去感知那颗心灵，给予他们前行的信心；去倾听他们的喜悦和烦恼，真诚地为他们的进步高兴，为他们的成功喝彩，成为他们风雨中的一把伞，道路上的一盏明灯，带给他们温暖和阳光。

倾听是一种本领，要学会倾听，就要明确倾听的意义。人与人之间需要沟通、交流、协作、共事，善不善于倾听，不仅体现着一个人的道德修养水准，还关系到能否与他人建立起一种正常和谐的人际关系，关系到能否善于与他人合作，利用别人的智慧。

倾听也是一种学习、一种沟通、一种尊重。在倾听中，我们会了解到很多信息，获得很多思想；会点燃思维的火花，产生思维的灵感。

倾听更是个人修养的体现。学会倾听，善于倾听，你将逐渐地成熟起来。

"倾听"的三个层次：

层次一：在这个层次上，听者完全没有注意沟通人所说的话，假装在听其实却在考虑其他毫无关联的事情，或内心想着辩驳。他更感兴趣的不是听，而是说。这种层次上的倾听，导致的是关系的破裂、冲突的出现和拙劣决策的制定。

层次二：人际沟通实现的关键是对字词意义的理解。在第二层次上，听者主要倾听沟通者所说的字词和内容，但很多时候，还是错过了沟通者通过语调、身体姿势、手势、脸部表情和眼神所表达的意思。这将导致误解、错误的举动、时间的浪费和对消极情感的忽略。另外，因为听者是通过点头同意来表示正在倾听，而不用询问的方式澄清问题，所以，沟通人可能误以为所说的话被听者完全听懂理解了。

层次三：处于这一层次的人表现出一个优秀倾听者的特征。这种倾听者在沟通者的信息中寻找感兴趣的部分，他们认为这是获取新的有用信息的契机。高效率的倾听者清楚自己的个人喜好和态度，能够更好地避免对沟通者做出武断的评价或是受过激言语的影响。好的倾听者不急于做出判断，而是感同身受对方的情感。他们能够设身处地看待事物，采用询问而不是辩解的形式。

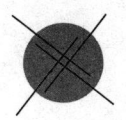

第四章

沟通小达人
是怎样练出来的

请让孩子学会礼貌用语

三国时，张昭攻击诸葛亮比不上管仲、乐毅，其论据是诸葛亮面对曹操的进攻"丢盔弃甲，望风鼠窜"以致"弃新野，走樊城，败当阳，奔夏口，无容身之地"。

诸葛亮据理反驳说："我家主公起兵之初，兵不满一千，将只有赵、关、张。新野小县粮少人稀，我们却火烧博望在先，火烧新野在后，杀得夏侯惇、曹仁十万大军心惊胆裂。管仲、乐毅用兵也不过如此吧！想当年，汉高祖多次败在项羽手下，而垓下一战，靠韩信的良策，才获得最后胜利。而韩信辅佐高祖，也并不是每战必胜的呀！"

事实胜于雄辩，诸葛亮用尽人皆知的事实，驳倒了张昭的论点，既据理力争，又不失得体。

俗话说："世事洞明皆学问，人情练达即文章。"中国人自古以来就讲究沟通和办事的"度"。这个"度"就是恰到好处，言语得体。在倾听与响应、幽默与玩笑、赞美与批评、拒绝与答复、说服与劝导、辩解与圆场、问话与答话中，掌握了这个"度"，孩子将会在激烈的竞争中立于不败之地，成功自然也就水到渠成。

语言的表达，关键要掌握"得体"的原则，就是言语要用得适当、妥帖、恰到好处。同样的意思，不同的说法可以说得使人愤怒，也可以说得使人生气，效果是大不一样的。怎样才能做到言语表达上的恰如其分呢？通常应注意以下几个方面：

1. 注意修饰语的使用

言谈中过多使用修饰和限制成分，不仅会淡化主题，而且会使表义不清。如果让一条简短的信息埋在毫无意义的修饰成分、限制成分之中，就像是一个戴了过多珠宝首饰，打扮得过于妖艳的女人一样，她的自然美被化妆品遮掩了。特别是应避免使用"一切""所有""根本""完全""凡是""最"之类的词语，以免引起别人的怀疑和不信任。

2. 适当选用一些模糊词语

可以适当选用一些模糊词语，例如，"可能""也许""一般""过些日子""考虑一下"等等。因为，无论对内对外，一般都不是一次性接触、一次性沟通就能解决问题的，一下子把话说绝了，可能会使得自己陷于被动的局面或困境，失去应得的机会。

多用陈述句和一般疑问句，少用或不用反问句；多用委婉和商量的语气，少用或不用命令的语气。

曾经有一位先生在杂志上撰文说，他曾因有"你懂吗"的口头禅而被人看作是骄傲的人，与人沟通时也常常因为此而产生隔阂。后经人提醒，他把"你懂吗"改为"你说呢"，果然，人们改变了对他的看法。

传递信息双方处在平等的地位上，双方尊重是公关取得成功的前提。例如，公交车上的售票员报站名："前门下，有在前门站下车的乘客请下车。"第一个"前门下"是针对北京市的老市民，他们一听就知道到前门了，该下车了。而外地来的人却不易理解。所以，售票员又重复一遍："在前门站下车的乘客请下车。"这句话兼顾到两类人的需要，起到了很好的沟通作用。

此外，在人际交往中，若想说出得体的语言，必须注意影响语言的各项因素，并注意沟通的语音、语气、语速、节奏、语调的运用技巧。尤其是在沟通中，公关人员应重视听者的言语反馈，适应听者的需要，采取有效的表达手段。

总之，沟通要做到不卑不亢，圆滑中有果断，果断中有圆滑；要做到"到什么山唱什么歌，见什么人说什么话"。让孩子的话合乎人心，给他人如沐春风之感，自然柔和亲近；同时，还要让孩子记住老人们常说的"出门看天色，进门看脸色"。办事要善于洞察人心，尤其是当有求于他人时，更要见机行事，刚柔并济，才能转难为易，从而促使成功。

打破僵局，让孩子不再惧怕沟通

唐文宗年间，著名诗人、太学博士李涉一次途经九江遇到强盗拦劫。李涉手无寸铁，眼看就要束手受辱。这时李涉面对强悍的绿林大盗，口吟一首七绝："春雨潇潇江上村，绿林豪客夜知闻，他时不用相回避，世上如今半是君。"强盗们听后大喜，于是以礼相待，只求把诗留下，平安放他过去。

俗话说："秀才见了兵，有理说不清。"何况李涉面对的是与官家为仇的绿林大盗，一语不慎，就会招致杀身大祸。

这时李涉充分利用了自己的优势，准确把握了对方的心理：

第一，作为绿林好汉，重的是义气，因此李涉首先尊重他们，称他们为"豪客"，并在诗中表示愿意与他们为友，无论何时相见都可以亲密交往，不用"回避"，这就使得这些好汉不好再与他为敌。

第二，作为强盗，忌的是一个"贼"字，李涉却用"客""君"字眼相称，并且把他们粗暴的拦劫行为说成是"夜知闻"后的善意相访，这就使得强盗不能再与他为敌。

第三，作为著名的诗人，他以诗作答，显示了自己的身份，以自己的名声影响强盗们的心理，又在诗中肯定了这些人在世上的地位，提高了他们的身价，使他们不能不以礼相待。这时，这些一直受歧视的人觉得听到他的这首诗，感到比获得金银珠宝更为珍贵。于是不仅不会加害于他，还会对他备加尊重。李涉正是准确把握了对方的种种心理，四句诗就使自己转危为安。

生活中，有时雄辩滔滔是能够情动四海、力挽狂澜的。像诸葛亮的舌战群儒，苏秦的纵横捭阖，都是用语言的力量，晓之以理，动之以情，使被动转为主动的。但是，在生活中，有时会遇到一些特殊情况，孩子所面临的是一些不容讲理、不能讲理或根本讲不得理的人或事，这时，简短的、机智的巧言，就显得更为有效。

同样是遇盗，巴尔扎克的退贼之法也很巧妙：

一天夜里，一个小偷钻进巴尔扎克的房间，在他的桌子里乱摸。巴尔扎克被惊醒了，他悄悄地坐起来，点亮了灯，然后微笑着说："亲爱的，别找了，我白天都不能从那里找到钱，现在天黑了，你就更别想找到啦。"小偷看着平静的巴尔扎克，乖乖退了出来。

巴尔扎克也是摸准了小偷的心理，所以能冷静处理这一意外的情况。首先他明白小偷是来偷钱的，不是来害自己生命的，所以他不慌；同时他了解小偷在偷东西时神经特别紧张，稍一受惊，就会惊惶失措，做出一些不理智的事情来，反而会危及自己的生命，所以他不喊。他称小偷为"亲爱的"使小偷不至于因被发现而与他为敌。其次，他明白小偷的目的主要是要钱，所以他明确告诉小偷，自己没有钱。这时的小偷，既拿不到钱，又不会被抓，不走又待着干什么呢？只能是乖乖退出。

无论谁都有陷入僵局的可能性存在，因此如何去突破僵局的围困，就显得十分重要了。当孩子受到猛烈的攻击时，决不可以轻易地屈服。眼见对方攻势凌厉地袭来，无论如何，都要设法打住话头，否则就无法挽回局势，突破那可怕的僵局。相信下面几种方法会使你帮助孩子成功地走出僵局：

1. 使用俗谚

使用俗谚也是一种可以起死回生的沟通技巧。俗谚可使人产生"那是一种真理"的错觉。而任何人都不得不屈服于真理之下。

当对方急着要做决断时，可以说："俗语说得好：'欲速则不达。'在这紧要的关头，我们应先稳住阵脚，以便从长计议。"

当对方以丰富的知识攻击孩子的无知时，可以说："俗话说：'知而不行，犹如不知。'我们应该重视这一点。"

必须先设法搅乱对方的阵容，接着再重新稳往自己的阵脚。这是削弱对方攻势的方法。

2. 巧找借口

找借口也是个好办法，这时的要诀是必须故弄玄虚，要有背水一战的决心。比如："你的意思我完全了解，但你何必这样严厉地指责，以致伤了彼此的和气？再说，你也不见得完全没有问题。你的这种态度，实在令人难以接受。"

"或许你说的是对的，但如果你硬要固执己见，本来可以成功的也会失败。"必须在话题以外寻找借口，以便向对方反咬一口。因为在此之前，孩子是处于被动的地位。要扰乱对方的阵脚，不断地发问是很有效的方法。

"你刚才说有检讨的必要，这是什么意思？"

"你刚才说要建立全体参与的社团，所谓全体是指哪些人？而且要以什么样的方式参与呢？"

如此持续不断地发问，对方早晚会露出破绽。因此，这时候就要锲而不舍地与对方缠斗下去，直到对方不耐烦地脱口而出："这种芝麻小事无关紧要！"

这时，就有机可乘了。可以反驳对方说：“你怎么可以说是芝麻小事？只要我还有疑问，你就必须说明，否则我怎么能完全了解呢？”

采取这个办法时，有以下两个要点。

第一，很明显的事也要反复地询问。这样一来，对方必会感到厌烦，因而产生不想再纠缠下去的想法。这是一种声东击西的方式，为了转移对方的注意力，以免他再注意己方的弱点，最好对他说些毫不相干的事。

此外，发问方式也具有使对方的话丧失条理的效果。当对方声色俱厉地加以论证时，应找出其最主要的关键部分，然后反复问一些极明显的事。

故意说一些风马牛不相及的事，最后对方将不得不对你所说的话做某些修正，以达到己方的目的。“我想再确认一下……”“你只要想到……”

第二，要对方为语词不清的字句下定义。诸如：“作建设性的处理”“调整”“检讨”“促进”“跟随”“妥善处理”等等。如果对方有弱点存在，其攻势便不会再那么凌厉了。

3. 多说“比如说”

这也是摆脱困境的有效方法之一。即使对方有条有理地高谈阔论，有时只要以下列的方式发问，对方就会立即崩溃。例如：“比如说，有什么例子吗？”“比如说，适合什么情况？”“比如说，在你的工作中有什么实例？”“比如说，你能想出适用的方法吗？”等等。

即使对方的话非常有道理，而且在逻辑上也显得有条不紊，但若他无法回答“比如说……”问题，难免会觉得不知所措。

当要求对方“举出例子”时，可以立即回答的人不多。这时，对方显然已处于劣势。因此，可以紧跟着说：“你说的我完全了解，不过，如果不知道具体的使用法，就等于是纸上谈兵，毫无意义可言。”

4. 说些嘲讽的话

要扰乱对方的阵脚，最好是攻击对方的弱点。但若直接攻击弱点有时会遭受猛烈的反击，最后甚至被逼得走投无路。因此，如果采取说些嘲讽话的攻击方式，有时可给予对方极大的心理攻击。尤其是自视甚高或有些自卑感的人，听到对方的冷嘲热讽，心理上所受到的冲击将会更大。

语言的"巧"，关键在于用得"恰到好处"。也就是说一定要摸准对方的心理，一言击准对方神经线最敏感的地方，使对方迅速做出有利于你自己的反应。

打破僵局要注意的基本原则是：出现僵局时忌冲动，要严格地把人与事区分开来，尊重对方人格，顾全对方面子，调整利益关系，尽可能实现交流双方的真正意图，满足彼此的基本需求，最终达到双赢的目的。

小幽默与大智慧，如何培养孩子的幽默感

有一次，英皇乔治三世到乡下去打猎，中午时分，乔治三世感到肚子很饿，就到附近的一家小饭店要了两个煎蛋充饥，吃完煎蛋后，店主拿来账单结账，乔治三世瞟了一眼仆役递过来的账单，不悦地说："两个煎蛋就要两英镑！鸡蛋在你们这里很稀有吗？"店主毕恭毕敬地回答："不，当然不是，尊敬的陛下，鸡蛋在这里并不稀有，国王才稀有。鸡蛋的价格一定要和您的身份相称才行。"乔治三世听完不由哈哈大笑。

幽默是一个人的学识、才华、智慧、灵感在语言表达中的闪现，是一种"善于捕捉笑料和诙谐想象的能力"。日本心理学家多湖辉把幽默称作"语言的酵母"。恩格斯也曾经说过，"幽默是具有智慧、修养和道德的优越感的表现"。列宁则认为，幽默是一种优美、健康的品质。幽默能表现沟通者的风度、素养，它能以诙谐滑稽的语言形式，表达出一定的思想内涵。使人们在忍俊不禁之中，在轻松活泼的气氛中学习、生活、工作。

幽默也是一种高深的沟通艺术，一般来说，真正精于谈话艺术的人，其实

就是那些既善于引导话题，同时又善于使无意义的谈话转变得风趣幽默者，这种人在交际场合上往往游刃有余，如鱼得水，左右逢源。

幽默更是一种境界，不论是为人处世，还是面对生活的尴尬和困窘，幽默都能使你赢得世人的钦敬和景慕。它能表现你的坦荡胸怀，也能表现你的敏锐和机智，还可以把生活中的难堪和斗争的困窘化解成人生的洒脱与大度。

林语堂先生在论及幽默时说道："幽默是在一个人旷达的心性中自然而然流露出来的，其语言中丝毫没有酸腐偏激的意味。而油腔滑调和矫揉造作，虽能令人一笑，但只是肤浅的滑稽笑话而已。只有那些巍巍荡荡、朴实自然、合乎人情、合乎人性、机智通达的语言，才会虽无意幽默，但却幽默自现。"

在社交场合，幽默的语言极易迅速打开交际局面，使气氛轻松、活泼、融洽。在出现有难堪场面时，幽默和诙谐便会成为紧张情境中的缓冲剂，使双方摆脱窘境或消除敌意。诙谐幽默的语言还可以用来含蓄地拒绝对方的要求，或进行一种善意的批评。

幽默的语言技巧有很多，在此，我们列举几例常用的方法，以飨读者。

1. 曲说隐衷幽默法

曲说隐衷幽默法即暗示幽默法，是对事物表达自己的看法，不是通过直说，而是通过种种可能进行曲说，并达到幽默效果的方法。

一位先生到一家西餐馆用餐，坐好后，他拿起餐巾围在了脖子上。这种行为在西餐礼仪上是不允许的。于是服务小姐走过去，亲切地轻声问道："先生，你是理发，还是刮脸？"

服务小姐委婉幽默的话语既保全了客人的面子，又不失礼貌，令这位先生立刻意识到自己的不当举动，从脖子上取下了餐巾。

2. 欲露先藏幽默法

所谓欲露先藏幽默法，就是在言语交际时，先故意说出令人疑惑不解的话，让对方产生疑问，然后再加以解释的一种语言表达方式。这种方式往往在一藏一露间说出真相，体现幽默效果。

晋代的阮籍在做大将军时，有一次有司（管理司法的官）向皇帝报告说："有一个人杀了自己的母亲。"阮籍说："哈！杀了自己的父亲尚且说得过去，怎么竟然杀了自己的母亲？"在场的人听了都非常吃惊，纷纷指责他说的话。皇帝十分不解地问他："杀父是罪大恶极的，你怎么能这样说呢？"阮籍答道："禽兽只知其母而不知其父，杀了父亲，便是禽兽。杀了母亲连禽兽都不如。"众人皆恍然大悟。

阮籍先故意说出有悖常理的话，引起众人的疑问，然后再予以补充说明，使之趋于合理。

3. 巧设悬念幽默法

巧设悬念幽默法，一般是先把自己的思路引入对方的思维轨道，然后来个急转弯，把对方置入困惑的境地，再用关键性话语一语道破，起到画龙点睛的作用，让听众在出乎意料之外，捧腹大笑。

一位年过半百的贵妇问萧伯纳："您看我有多大年纪？""看您晶莹的牙齿，像18岁；看您蓬松的卷发，有19岁；看您扭捏的腰肢，顶多14岁。"萧伯纳一本正经地说。贵妇高兴得禁不住跳了起来："那您能否准确地说出我的年龄呢？""请把我刚才说出的三个数字加起来吧。"

在这里，萧伯纳没有直接说出贵妇的年龄，而是进行了一番明褒暗贬，讽刺了贵妇的惺惺作态，达到了一种喜剧的效果。

4."顺水推舟"幽默法

"顺水推舟"幽默法是指当发现对方理亏时，不直接与之争辩，而是顺着其歪理加以发挥，让对方自知其谬，从而产生幽默的效果。

有一位乡绅家里请了一个教书先生，每天吃饭总是请先生吃冬瓜。先生吃得实在受不住了，就问主人："你家难道只喜欢吃冬瓜吗？""是呀！"乡绅答道："冬瓜不仅好吃，而且还可以明目。"有一天，乡绅来到书馆，看到教书先生正站在窗口眺望，似乎并不知道有人进来，就在后面拍了一下先生的肩膀，先生这才转过头来，吃惊地说："实在对不起，我正在看城里戏园子的戏，看得太入神了，没有注意到老爷您进来，真是失礼。""城里演戏你在这也能看到吗？"乡绅诧异地问。教书先生不慌不忙地答道："因为顿顿吃冬瓜，所以眼睛明亮得可以看到很远。"乡绅听后，觉得很不好意思，从此，每天饭桌上有鱼有肉来款待这位先生。

教书先生没有直接指责乡绅的吝啬，而是顺着乡绅"吃冬瓜明目"的理论加以发挥，得到一个更荒谬的结论——能看到城里戏园子演戏。如此一来，巧妙地迫使乡绅不得不改善对他的待遇。

5.夸大其词幽默法

有时将事实进行无限制的夸张，造成一种极不协调的喜剧效果，也是产生幽默效果的方法之一。

马克·吐温有一次坐火车要去一所大学演讲。因为离演讲的时间已经不多了，他十分着急，可是火车却开得很慢。当列车员来检票时，马克·吐温递给他一张儿童票。列车员上下打量了马克·吐温一番，笑道："真看不出来，您还是个孩子呢。"幽默大师耸耸肩答道："我现在已经不是孩子了，但我买火车票的时候还是个孩子，火车速度实在太慢了。"

火车的速度再慢，也不至于慢到让一个孩子长成大人。在这里，幽默大师将火车缓慢的速度进行了无限制的夸张，达到了预期目的。

6. 反戈一击幽默法

反戈一击幽默法虽是一种攻击性幽默法，却常常用于比较亲近的人之间，越是亲近，越可攻击。因此，也被称为戏谑性攻击。

相传北宋年间，大文豪苏东坡与王安石携手同游泰山。二人一路上吟诗作对、谈笑风生，好不惬意。游至东斜碑，苏东坡突发奇想地要与好友开个玩笑，指着东斜碑随口吟道："恨当年安石不正。"王安石微微一笑，对道："到如今仍向东坡。"说完，二人相对一视，随即哈哈大笑。

王安石与苏东坡都名列唐宋八大家之中，且二人有着深厚的友情，王安石知道好友是和自己开玩笑，因而巧妙地以对对子的形式予以回应，既体现了其机智幽默，又展现出非凡的文采。这个故事也成为中国楹联史上的一段佳话。

无数的事实说明，幽默睿智，众人欢迎。所以，在现代社会中，具有幽默感，是现代人应具备的素质之一。如果在沟通中，我们能利用幽默活跃气氛，营造氛围，往往会受到人们的欢迎与喜爱。生活中懂得风趣幽默的人往往三言两语，就妙趣横生，让人忍俊不禁，回味的同时领悟到其中蕴含的智慧和哲理。

幽默的作用是无法替代的，幽默是生活的调味品，它可以使愁眉苦脸者笑逐颜开，也可以使泪水盈眶者破涕为笑，可以为懒惰者带来活力，可以为孤僻者增添情趣。幽默又是人际关系的润滑剂，是一座沟通人与人心灵的桥梁，与幽默者相处，每个人都会感到快乐。幽默还可以化解困境，应对窘迫与尴尬、不安与难堪，既不伤害对方的情感，又捍卫了自己的利益与尊严，为自己赢回了面子。

与人沟通时，恰当地运用幽默语言去说理，也会令人在轻松、愉快的感受之中领略其中的底蕴。幽默是社交的法宝，掌握了幽默的语言技巧，巧妙运用幽默的力量，可以帮助孩子能通过成功的社交，走上成功之路。

幽默的语言具有很强的趣味性，能引人发笑，很容易引起别人的注意，给对方留下深刻的印象。当然，引人发笑并不是最终的目的，而是为了营造愉快的气氛，使对方在轻松的笑声中体会到深刻的东西。说理虽然是件严肃、枯燥的事情，但如果能以趣谈理，善于用机智幽默的语言让别人在笑声中仔细品味你言语中的道理，何乐而不为呢？

莎士比亚曾经说过："幽默和风趣是智慧的闪现。"所以，要成为有幽默感、善于以趣谈理的人，应该加强自身的文化修养，善于观察，在生活中时刻培养孩子的机智敏锐和乐观主义的精神。

丈量小尺度，让孩子放在心上

《史记·滑稽列传》就记载了这么一则故事：

楚国的国相孙叔敖曾经善待过优孟，临死前孙叔敖对自己的孩子说，如果有一天遇到困难可以求助于优孟。后来，孙叔敖的儿子生活贫困，便找到了优孟。此后优孟便模仿孙叔敖的穿戴和沟通的语气。

一年之后，优孟打扮成孙叔敖的样子前去为楚庄王祝寿，庄王大惊，以为孙叔敖又再生了，想聘优孟为相。优孟说先要回去与夫人商量后再做决定。三日后，楚王问优孟与夫人商量得怎么样，优孟说道："妇道人家没有远见，说出来的都是些谨慎没有作为的话，她认为当楚国的相国不值得。比如孙叔敖曾为楚相，他为国为民忠心耿耿，为官廉洁，为治理楚国立下了汗马功劳。现在他死了，他的儿子照样没有立足之地，穷困到了靠打柴维生的地步。与其像孙叔敖那样，不如自杀。"

优孟接着说道："不为官，在山野居住靠耕田为生真苦，难以维持生活。要是起来做官，贪图钱财，不顾廉耻，身后虽然家室富足了，又怕是贪赃枉法犯下大罪，身死家也随之败灭，贪官污吏怎么可以当呢？那些为官清廉的，奉公守法，到死也不敢胡作非为，廉吏有什么好当的，楚相孙叔敖一生廉洁到死，而今妻子儿女穷困到了靠打柴为生，不值得当相啊！"

庄王听明白了优孟的话外之音，感谢优孟的提醒，立即召见孙叔敖的儿子，封赏他寝丘之地方四百户的俸禄，以便供养和祭祀孙氏宗庙。

和他人打交道，善听弦外之音，又会传达言外之意，是最奥妙的人际关系操纵术。老于世故之人大都擅长于话里有话，一语双关，精明之人无须多言直语，即让你心里明明白白；"高明"的小人惯会含沙射影，指桑骂槐，用话中之刺让你身败名裂。不管沟通之人是否故意暗藏玄机，听话者必须弄明白他的真实意图，方能应对恰当。脑子不清，耳朵不灵，一定会多遇难堪。话里藏话、旁敲侧击其实是一种迂回，可它既重迂回策略，更重隐含之术，较之迂回更主动，更微妙。是"妙接飞镖又暗中回掷"的高超人际交流术，是机智聪明者才能驾驭的玄妙功夫。

1. 迂回战术，含蓄隐晦

沟通可以爽爽朗朗，斩钉截铁，把要说的话明白地、直白地表达出来，让人家一听就懂，懂得透彻，不必去推想意会。

但在现实生活中很多人都有谈话的忌讳，很多人也很敏感。所以，有些时候有些话是不宜直白、明快地说出的。如果说得太直通、太露骨，就可能引起对方的反感，或是伤及对方的自尊。因此，沟通可以含蓄一点儿，不说得那么露骨、直接，而是迂回深入，让人家揣摩一下才会懂，可以转弯抹角地表达出阐明主旨的弦外之音或不便于直接表露的言外之意。在迂回、含蓄的过程中，蕴含着丰富的潜台词，它隐晦地表达着当事人的根本立场和态度。一般来说，迂回深入、含蓄隐晦的沟通风格应用在特定的场合，如讽刺、批评别人，婉转表达愤怒、不满、怨恨的情绪时多用含蓄的说法表达。迂回的过程便是一个更委婉、更清晰、更易于被对方接受的表露自己真实意图或强硬立场的过程。

在说理的过程中不能只讲大道理，如果能把道理讲得具体生动，引人思索、回味无穷，让他们觉得是这么个理儿，才能循序渐进地将理说明白。只要运用得法，含蓄隐晦的表达更容易让人接受，也更容易收到良好的效果。恰当地运用迂回战术可以收到进退自如、攻守兼备的最佳效果。

总之，含蓄、迂回不是含糊，它虽未直接说出，但可以给人以启迪和深思，让人心领神会，决不至于发生歧义，从而达到"言有尽而意无穷"的境地。

2．旁敲侧击，曲说隐衷

旁敲侧击、曲说隐衷是一种常见的模糊性沟通技巧。它借助语言，不是直接说出某一件事物、某一个人、某一种观点，而是仅说出与它们有关联的方面，让对方猜测言下之意，最终达到说理的目的。间接地、隐蔽地给人以启示、教育，这正是旁敲侧击、曲说隐衷的特点。发挥好这一技巧，常能使工作开展得顺利、圆满。

运用旁敲侧击、曲说隐衷的沟通技巧，还可以假托他人的形象、假借别人的言语表达自己的意图，以达到说理的目的。旁敲侧击、曲说隐衷没有固定的模式、路子，具体运用时只能根据当时的对象、环境、气氛等情况灵活发挥，具有很强的时效性。因此要注重时机，善于抓住机会，选好突破口。一要及时把握好双方思想上的共鸣点，对症下药；二要善于利用稍纵即逝的兴奋点，趁热打铁，给人留下难以磨灭的印象，达到使人受到深刻教育的目的。我们也要把握好这一技巧的限度。由于其方式的含蓄性、手段的简捷性，在实际运用中常有一定的局限，尤其在一些原则性、政策性很强的问题上，其作用就更显得乏力。因此，在实际运用中，要把握好分寸。

旁敲侧击、曲说隐衷的技巧具有很强的实践性，它形式的多样性和运用的随机性，决定了其对人的影响是多方面的、多层次的。在某种意义上，旁敲侧击就是借题发挥，就是借谈论某个问题来表达自己真正的意思。因此，必须对对方的情绪变化做到了如指掌，从而针对不同人的不同特点采取不同的方法。如果能巧妙运用这一语言艺术，则会使孩子的说理取得锦上添花的效果。

3. 话里藏话，柔性敲打

社会是复杂的。孩子总会遇到一些不平之事、不公之人，又不能不去表达我们的不满；对于自己亲近的人，有时候也需要巧加指责，让对方明白。但如何表达这种不满却有一定的学问，特别是对于一些非原则性的问题，要做到既能表达出对对方的不满，又不至于破坏和谐的人际关系，确实是不太容易。话里藏话，柔性敲打不失为一个理想的武器。

小胡与小赵是一对好朋友，彼此都视对方为知己。有一次，本单位的小徐对小胡说："小胡，我总觉得小赵这小子为人有点太认真了，简直到了顽固的地步，你说是不是？"小胡一听小徐的话顿生反感，心想：你这小子在背地里贬损我的好朋友缺德不缺德？但他又不好发作，于是假装一本正经地说道："小徐，我先问你，我在背后和你一起议论我的好朋友，他要是知道了会不会和我反目为仇？"小徐一听这话，脸"唰"地一红，不吭声了。

在这里，小胡就使用了柔性敲打的技巧。面对小徐的发问，他没有直接回答"是"还是"不是"，而是话题一转，给对方出了个难题，而这个难题又正好能起到点拨对方的作用，既暗示了"小赵是我的好朋友，我是不会和你合伙议论他的"，又隐含了对小徐背后议论、贬损小赵的不满。同时，由于这种点拨方式较委婉含蓄，所以也不致让对方太过于难堪。

4. 幽默提醒，敲山震虎

有些经验丰富的人遇到这类问题，用几句幽默话语，如引用一则寓言故事或一则笑话，而不作直接回答，留给对方去思考、寻味，这可以说是"模糊表态"中的高招了。

　　幽默是人际关系的润滑剂，有时利用幽默表达一下对对方的不满，也不失为一种好方法。有这样一则小幽默：

　　在饭店，一位喜欢挑剔的女人点了一份煎鸡蛋。她对女侍者说："蛋白要全熟，但蛋黄要全生，必须还能流动。不要用太多的油去煎，盐要少放，加点胡椒。还有，一定要是一个乡下快活的母鸡生下的新鲜蛋。"

　　"请问一下，"女侍者温柔地说，"那母鸡的名字叫阿珍，可合你心意？"

　　在这则小幽默中，女侍者就是使用了幽默提醒的技巧。面对爱挑剔的女顾客，女侍者没有直接地表达对对方所提苛刻要求的不满，却是按照对方的思路，提出一个更为荒唐可笑的问题提醒对方：你的要求太过分了，我们无法满足，从而幽默地表达了对这位女顾客的不满情绪。

　　另外，对某些怀有恶意之人，自不必拼个鱼死网破，只要打动草丛惊走这条蛇就可以自卫；那些粗鲁的家伙冒犯了你，只需"敲响山石吓跑老虎"便可及时收手。

　　然而，并不是说凡事都要模糊表态。任何事情的发展变化都得有个过程，有的还得有一个相当长的演变过程。当事情处于发展变化初期，实质性的问题尚未表露出来，这就难于断定其好坏、美丑、利弊、胜负。这时，就需要等待、观察、了解研究，切不可贸然行事，信口开河。因此，模糊的表达也要遵循一定的原则：

　　第一，让孩子给自己留有回旋的余地。有些问题一时尚不明朗，需进一步了解事实真相，或看看事态的发展及周围形势的变化，方可拿主张。模糊表态就能给自己留下一个仔细考虑、慎重决策的余地。否则，君子一言，驷马难追，不仅影响自己的威信和声誉，也会因此对人际关系造成不应有的影响。

第二，让孩子给对方一点希望之光。给对方一点希望之光，有利于稳定对方的情绪。要求你解决或答复问题的人，内心总是寄予着厚望的，希望事情能如愿以偿，圆满解决。如果突然遭到生硬的拒绝，由于缺乏必要的心理准备，很可能因过分失望或悲伤，心理上难以平衡，情绪上难以稳定，从而产生偏激言行，有碍于人际交往。

相反，倘若话尚未完全说死，则会使对方感到事情也并非毫无希望，也许经过更多的努力或者过一段时间机会降临，事情会向好的方向转化，因而情绪趋于稳定。

孩子们也应该学会这种沟通的技巧。有时是因事实尚未搞清，有时是因涉及面广，或者自己不明就里，都不宜说过分的话，就借助委婉、含蓄、隐蔽、暗喻的策略方式，由此及彼，巧妙地表达本意，揭示批评内容，让人自己思考和领悟，使这种批评达到"藏颖词间，锋露于外"的效果。

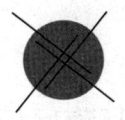

第五章

明确目标，
是沟通最好的动力

不知所云，是不是孩子没有明确目标

有一次，国画大师张大千要从上海返回四川，临行前友人设宴为他饯行。宴会中邀请了很多社会各界名流。大千先生一向清高孤傲，大家入席坐定后不免感到有些拘谨。宴会开始后，大千先生来到京剧表演艺术家梅兰芳先生面前举杯说道："梅先生，您是君子，我是小人，小人先敬君子一杯。"众人闻言一片愕然，梅兰芳也不解地问道："此话怎讲？"张大千笑着解释道："常言道：'君子动口，小人动手。'梅先生唱戏动口，是君子。我画画动手，当然是小人啦。"于是，满堂宾客皆大笑不止。

大千先生一扫平日的孤傲，通过巧妙风趣地曲解唱戏和作画各个不同行当，不但达到了交际的目的——调节现场气氛，而且还迅速拉近了与梅兰芳先生的距离，更显示出了大师技高一筹的沟通水平。

人们的沟通内容必须服从交际的目的，沟通形式的采用都得服从表达目的。

鲁迅先生的《阿Q正传》中说："'老Q，现在，'赵太爷又没话找话，'……

现在……发财么？'""阿Q……哥，像我们这样的穷朋友是不要紧的……"原先，在赵太爷眼里阿Q不过是狗屎一堆。如今革起命来，便想与他套近乎，无话找话，称呼语用"老Q"，不用"阿Q"。可见，赵太爷为达目的而精于沟通形式——称呼语的择用。更滑稽的是小D，平日叫惯了阿Q，可现在的交际目的不同以往，在叫了阿Q之后觉得不妥，马上进行调控，加上一个"哥"字变成"阿Q哥"，尊重的感情色彩陡然大增，虽显得滑稽，但反映出小D为达到交际目的，在沟通翔实的取舍上也深谙个中滋味。反之，就会话与愿违，无的放矢，甚至适得其反。

1．发语活泼，对答如流

任何一句话都应该做到有的放矢，沟通人必须始终瞄准目标，注意言语信息的传输与反馈。"言与意会，言随旨遣"，遣词灵动，灵活多变，方能对答如流。体现沟通水平的发语活泼的原则特征主要表现在三个方面：

（1）风格多变

"诸葛亮舌战群儒"的故事，是罗贯中的《三国演义》一书中最为精彩的描写之一，也是表现沟通水平的一段上乘的佳话。面对东吴暗怀降曹之心的儒士大臣们的挑衅，诸葛亮谈笑风生，其言谈犀利，妙语连珠。如说张昭、步骘，或冷嘲热讽；如对薛综、陆绩，或慷慨激昂；如对虞翻、严畯，或条分缕析，鞭辟入里；如对程德枢等。他还巧言相激孙权、周瑜等人，从而为火烧赤壁、大败曹军奠定了基础。

（2）视角多变

所谓视角，就是人们在观察事物、认识世界、开口沟通时所处的位置、着眼点、出发点。同一事物，从不同的角度观察认识，其感官认知的结果便不相同。沟通的表达视角，在言语交际中是一个很重要的因素。人的思想，一个"意"字，一个"情"字丰繁复杂；一句言辞，一番沟通，表情达意，其表达的视角也应当随"意"而转，随"情"而变。

美国著名作家、幽默大师马克·吐温颇有沟通力。在一次鸡尾酒会上，马克·吐温在答记者问时说道："某些美国国会议员是狗娘养的。"记者将他的话公诸于众，华盛顿的议员们大为愤怒，一定要马克·吐温公开赔礼道歉，并澄清事实。几天以后，《纽约时报》刊登了马克·吐温致联邦议员道歉启事："以前鄙人在酒席上发言，说某些国会议员是狗娘养的，我再三考虑，觉得此言不妥，而且不合事实，特登报声明，把我的话修改成：'某些美国国会议员不是狗娘养的。'"马克·吐温巧用肯定与否定的不同视角，将同一思维形式以不同句式表达，继续表达了自己对华盛顿议员们的轻蔑与鄙视。

（3）句式多变

所谓句式多变，主要是为了实现沟通目的而运用的口语句子类型的多样化。这在人们日常言语、社会沟通、会议报告、节目主持以及一些论辩、营销、谈判、导游等多种沟通力表现形式中可见一斑。具体地来说，句式多变主要表现在不仅有常见的主谓句，还有很多非主谓句。

当年，日本侵略者将天津"南开大学"炸得一塌糊涂，不少人哀叹道："南开成了难开！"当时的南开大学校长张伯苓先生听了，说："难开？那要加一个标点，'难，开！'"在这里，张校长巧用标点，将"难开"这一偏正短语变为转折关系的复句，便将他那知难而进，愈挫愈坚的意与情恰到好处地表现出来了。事后有人为此专门撰写了《一个标点显人格》一文，可见句式多变的艺术魅力。

2. 条理可感，逻辑性强

衡量一个人沟通水平的首要因素便是准确、清晰、明白。为达此目的，必须将话题、观点、材料等纳入一定的思路之中，予以清理、分析，用一根思维的链条将各个环节串联起来。理清思路一般从两方面考虑：其一是组织一定的表达形式，按一定的顺序展开，从开头到结尾，都符合事物发展规律，符合事理推演的逻辑秩序。这是构思过程中理清思路时必须事先考虑的，这样才会轮廓分明。其二是将问题分门别类，观点排列有序，即把所要阐述的观点和解说的事物按一定的次序排列起来，先说什么，再说什么，要在脑子中排出个顺序，这样才会使要说的内容有条不紊。要使沟通条分缕析、头头是道，就必须安排好表达时的话语语义组合。

　　秦、晋二国联合攻打郑国。郑国被秦、晋两个大国包围，危在旦夕，郑文公派能言善辩的烛之武前去说服秦伯，见到秦伯，烛之武说："秦、晋两国围攻郑国，郑国已经知道要灭亡了。如果灭掉郑国对您有什么好处，那就烦劳您手下的人了。越过晋国把远方的郑国作为秦国的东部边境，您知道是很难的，您何必要灭掉郑国而增加邻邦晋国的土地呢？邻邦的国力雄厚了，您的国力也就相对削弱了。假如放弃掉灭郑国的打算，而让郑国作为您秦国东道上的主人，秦国使者往来，郑国可以随时供给他们所缺乏的东西，对您秦国来说，也没有什么害处。况且，您曾经对晋惠公有恩惠，他也曾答应把焦、瑕二邑割让给您。然而，他早上渡河归晋，晚上就筑城拒秦，这是您知道的。晋国有什么满足的呢？现在它已把郑国当作东部的疆界，又想扩张西部的疆界。如果不侵损秦国，晋国将从哪里得到他们所企求的土地呢？使秦国受损而让晋国受益，您还是好好掂量掂量吧！"

　　烛之武这一番言论，紧紧围绕灭郑对秦国没有好处这一中心来谈，突出了问题的关键。他一开始就表明自己是为秦国的利益来做说客的，这就消除了对方的戒心，巧妙地利用秦、晋二国之间的矛盾，向秦伯分析了当时的形势，采取分化瓦解的办法，从地理位置分析说明了保存郑国对秦有利、灭掉郑国对秦不利的道理，最后指明晋国才是秦国的潜在敌人。终于说服了秦伯。秦伯不仅撤走了围郑的秦军，而且派兵保卫郑国，迫使晋国也不得不撤兵，从而解除了郑国的危机。烛之武临危受命，不避艰险，只身说服秦君，解除国难，这番话说得是中心明确，有条有理，表现了他机智善辩的外交才能。

明确交际的目的就是要弄清楚"说什么"和"怎么说"，然后紧紧围绕沟通的目的和谈话的中心来做"我口表我心"的语言表达。否则，便达不到交际的目的。人们在运用话语进行交际时，总是想尽一切办法，采用一切有效手段，来控制自己的沟通行为，组织相应的沟通形式来表达，以期达到预定的交际目的。

每天一点时间，让孩子多多与人互动

　　十月革命胜利后不久，许多农民怀着对沙皇的刻骨仇恨，坚决要求烧掉象征沙皇统治的宫殿。很多人都来劝阻农民但农民就是听不进去，就是坚持要烧掉宫殿。最后，列宁来到农民身边进行沟通。列宁并没有滔滔不绝地演说为什么不能烧掉宫殿，而是采取了以下的对话方式：

　　列宁：烧房子可以，在烧房子之前，让我说几句话，好不好？

　　农民：说吧。

　　列宁：沙皇的房子是谁造的？

　　农民：当然是我们劳动人民造的。

　　列宁：我们劳动人民造的房子，不让沙皇住，让我们自己的代表住好不好？

　　农民：好！

　　列宁：那么这房子还要不要烧掉？

　　农民：不烧了！

　　就是这么简单的一问一答，列宁就成功地说服了农民。其中的奥妙就在于列宁与农民之间的谈话有良好的互动，农民在不知不觉中明白了不能烧房子的简单道理。

沟通并不是独角戏，也不是单口相声，而是一个良性的互动过程。如果孩子在沟通过程中只是一个人自顾自地说，即使说得唾液横生、滔滔不绝，往往也事与愿违，达不到说理的目的。因为每个人都不愿意被忽视，都想参与其中，畅所欲言。如果孩子把一场谈话变成了自己的脱口秀，只顾自己沟通而不给他人沟通的机会，就会给人留下一种自高自大、目中无人的印象。即使孩子再会沟通，也容易使人厌烦。

但是现实生活中有很多人在与人沟通时都只想自己所想，说自己想说，怎么想怎么说，而不去考虑对方的感受。没有了对方的参与，只是一味地把自己的想法传送出去，得不到对方的反馈，孩子就不知道别人对自己所说的话是感兴趣还是很反感。这种只顾自说的沟通方式是完全错误的。

所以，当孩子与他人沟通时一定要把握好两条主线，一条是自己的，一条是对方的。不管话题多么丰富、多么精彩，不管孩子是否具有口若悬河的能力，如果孩子不懂得顾及对方的感受，只是自己一味地滔滔不绝，他的谈话只能令人厌恶，却达不到任何目的。

一个聪明的谈话者不仅要自己说，还要让对方说，倾听对方，谈对方所关心的问题，从而吸引对方与自己沟通，这样才有可能会有一段成功的谈话。如果孩子只是把自己想好的话讲出来，忽略对方的看法和兴趣，就不知道对方对自己说的话有什么反应，有什么疑问，是支持还是反对，那你就不能算是一个好的谈话者。美国著名沟通力大师亚历山大·汤姆曾说过："我们谈话就像一次宴请，不能吃得撑了才离席。"说的就是这个道理。

沟通的目的往往是让别人接受孩子的观点，这就要求双方必须要有良好的互动，双方交换和适应彼此的思维模式，从而达成共识。所以在说理时你必须注意与他人的交流，长话短说，让每个人都置身其中。沟通要时刻注意对方的反应，对方说时要专注地倾听，了解对方的兴趣与看法，找出双方的共同点、分歧点在哪儿，这样才能在好的谈话气氛中达到沟通的目的。

怎样才能使孩子说出的话具有互动性呢？我们呼吁：沟通从心开始。

1. 用心聆听

几乎每个人都会沟通，但不见得每个人都能凝神倾听。聆听是一种礼貌，是一种尊敬沟通者的表现，是对沟通者的一种高度的赞美，更是对沟通者最好的重视。每个人都希望获得别人的尊重，受到别人的重视。当我们专心致志地听对方沟通，努力地听，甚至是全神贯注地听时，对方一定会有一种被尊重和重视的感觉，双方之间的距离必然会拉近。

如果孩子对此漫不经心，或者毫不在乎，这就在一定程度上伤害了对方的自尊心，他原来对孩子的好感也会顷刻间化为乌有。聆听能使对方喜欢孩子，信赖孩子。

聆听的能力是一种艺术，也是一种技巧。学会用心聆听是社交场合最普遍，也是最基本的礼仪之一，如果孩子要在社交场合中赢得他人的好感，那么首先要做到的便是用心去倾听。在这个世界上，人与人之间的主要交流方式是谈话。但是在同学之间、朋友之间的沟通中，人们往往忽略了倾听的作用。根据人性的特点，我们知道，人们往往对自己的事更感兴趣，对自己的问题更为关注，更喜欢自我表现。一旦有人专心倾听他人谈论自己时，就会感到自己被重视。听别人沟通也是为自己沟通做准备，所以那些愿意倾心聆听别人沟通的人最受欢迎。

但是，并不是人人都会听，一个真正做到有效倾听的人，不仅要认真听取别人的每一句话，在领悟沟通者的意思之外还必须做到及时配合沟通者，如点头、微笑或简短的附和语，与沟通者达到共鸣。同时，还应掌握听人炫耀的技巧，了解沟通者的性情，让孩子与对方谈话时恰当地穿插些对方所炫耀的内容，这样更能勾起炫耀者对孩子产生兴趣，让他愿意接纳孩子并进入他所欢迎者的行列。

2．用眼睛沟通

俗话说："眼睛是心灵的窗户。"当你沟通时，眼睛要注视着对方，语气里要带有更多的强调成分，加入更多的感情色彩。家长应该告诉孩子：用眼睛与别人沟通，不仅表明你很自信，同时也表示你对别人很尊敬。无论我们和周围的人用什么方式交流，也不管我们表达的内容是什么，我们肯定会对那些用眼神和我们沟通的人给予更多的关注和回应。

3．心与心的沟通

用心交友不但能使人走出暴风骤雨般的感情世界而进入和风细雨般的情感交流，而且能使人摆脱愚昧混乱的胡思乱想而进入光明与理性思考。伯牙与钟子期的千古友情是从心开始的，李白与杜甫的友情同样是从心开始的。沟通从心开始，就应该把握好利益关系。世界上最美好的东西，莫过于有几个有头脑和心地正直的朋友。打开心灵的窗户，让友情的阳光普照，走出孤僻的荒漠，感受友情的滋润。沟通，是从心开始。

不只是表达清楚，更要学会感染他人

"朋友们，今天我对你们说，在此时此刻，我们虽然遭受种种困难和挫折，我仍然有一个梦想。这个梦想是深深扎根于美国的梦想中的。

"我梦想有一天，这个国家会站立起来，真正实现其信条的真谛：'我们认为这些真理是不言而喻的：人人生而平等。'

"我梦想有一天，在乔治亚的红山上，昔日奴隶的儿子将能够和昔日奴隶主的儿子坐在一起，共叙兄弟情谊。

"我梦想有一天，甚至连密西西比州这个正义匿迹，压迫成风，如同沙漠般的地方，也将变成自由和正义的绿洲。

"我梦想有一天，我的四个孩子将在一个不是以他们的肤色，而是以他们的品格优劣来评价他们的国度里生活。

"我今天有一个梦想。

"我梦想有一天，亚拉巴马州能够有所转变，尽管该州州长现在仍然满口异议，反对联邦法令，但有朝一日，那里的黑人男孩和女孩将能与白人男孩和女孩情同骨肉，携手并进。

"我今天有一个梦想。

"我梦想有一天，幽谷上升，高山下降，坎坷曲折之路成坦途，圣光披露，满照人间。

"这就是我们的希望。我怀着这种信念回到南方。有了这个信念，我们将能从绝望之巅劈出一块希望之石。有了这个信念，我们将能把这个国家刺耳的争吵声，改变成为一支洋溢手足之情的优美交响曲。

"有了这个信念，我们将能一起工作，一起祈祷，一起斗争，一起坐牢，一起维护自由。因为我们知道，终有一天，我们是会自由的。"

这是 1963 年 8 月 28 日，马丁·路德·金在华盛顿林肯纪念堂举行的"为工作的自由进军"做的《我有一个梦想》的演讲，正是由于这次非常具有感染力的演讲，马丁·路德·金把美国黑人紧紧地团结在一起，最终迫使美国国会、总统和法院将他在讲演中提到的各种法律障碍解除了。

情感的沟通是受人欢迎，赢得良好人际关系的重要所在，具有极其神效的功能。

诗人白居易说："感人心者，莫先乎情。"感情是打动听众的有力武器。说理可以服人，诉情可以感人。富于感染性的语言，必是能引人入胜的。善于以情感人，以情动人，可以体现出一个人沟通水平的高低。

情感可以说是语言的灵魂，是在人与人心灵与心灵间架起的一座沟通的桥梁，也是听者从沟通者那里能够感受到的一缕温暖的阳光。只有充满真情的言辞，才能感动听者的心灵，接受孩子的思想，并让这思想融入听者的灵魂里后形成一股不可战胜的合力；只有充满真情的言辞，才能够化干戈为玉帛，化仇恨为友谊；也只有充满真情的言辞，才能够创造出看似不可能创造的奇迹。

在人与人之间，真诚是高于人性其他方面的一切品质！只有以情动人，以真诚换真诚，才能使孩子的语言为他人所接受。

一直以来，费拉达尔菲亚的克纳费都在试图要把煤推销给一家大型连锁公司。然而，那家连锁公司依然继续使用另一个地方的煤，继续经过克纳费的办公室而视若无睹。因此，克纳费一直在心里暗骂那家连锁公司。

事情发生转机是在一次辩论中。克纳费答应了站在连锁商店一方进行辩护。于是，他到他曾经怨恨的连锁公司，去会见一位高级经理。见面后，他说："我到这里来，并不是向你们推销煤的。我只是来请求你们帮我一个大忙。"接着他详细地谈论起辩论的事情："我是来请你们帮忙的，因为我想不出还有什么人能够比你们更能提供我所需要的资料了。我非常想赢得这场辩论的胜利。对于您的任何帮助，我都会非常感激的。"

刚开始，克纳费请求对方给自己一分钟时间，对方答应了。当克纳费说明来意后，对方就请他坐了下来，并谈了将近两小时。最后，对方请来一位曾经写过一本有关连锁商店的书的高级职员进来，让克纳费与他沟通。经理还写信给全国连锁组织公会，为克纳费要了一份有关他需求的辩论文件资料，这将会对克纳费的辩论帮上很大的忙。

为什么连锁公司经理会如此尽心尽力帮忙呢？这是因为当他说"我认为连锁商店对人类是一种真正的服务""我以我为数百个地区的人民所做的一切而感到骄傲"时，克纳费已经真诚地赞同他了。而这种赞同，完全是发自内心的。

当克纳费告辞时，经理送他到门外，并用自己手臂环绕着克纳费的肩膀，祝福他辩论得胜，并诚邀他以后再来看自己，把辩论结果告诉自己。最后，他还说了这样一句话："请在春末时再来找我，我想签下一份订单，买你的煤。"

克纳费有点惊讶，因为在整个沟通过程中，他们的谈话中没有半个"煤"字。

其实，这个世界并没有绝对的对或绝对的错，有的只是每个人所站的不同立场。只要你认为对，这个世界就是对的。因此，在生活中，我们要经常站在别人的立场上去和别人讲几句话，我们要经常主动地去理解别人，真诚地认同别人的话，即使对方的观点很另类，或者不符合事实，我们也没有必要凭着自己的主观意见，去指责或者对对方说教。

当我们真诚地关注别人时，我们才会获得别人的关注和支持。沟通是一件理性的事情，应该用事实沟通，有理有据。但沟通同时也是一件感性的事，如果孩子不带表情地罗列事实，缺乏激情与热忱，对方对他所要说的事也会毫无兴趣，只是被动地硬着头皮麻木地去听，就很难被打动。而一个成功的沟通者就要具有活力和热情，沟通时声情并茂，精神抖擞，能够把内心的情绪时刻爆发出来，这样说出来的话才会感人至深，引起对方的共鸣。

第二次世界大战期间，丘吉尔发表的有关反对德日法西斯的演说曾经给英国人民带来巨大的鼓舞：

"我们决不投降，决不屈服。我们要战斗到底。我们将在法国作战，我们将在海上和大洋上作战，我们将满怀信心地在空中越战越强。我们将不惜任何代价保卫我们的本土。我们将在海滩上作战，在敌人陆降处作战，在田野作战，在山区作战。我们任何时候决不投降！"

据说，当日发表完这篇演讲稿时，这位年近七旬的英国首相哭得涕泪横流，可想而知当丘吉尔面对全英国宣读这篇演讲稿时，英国人民的心情将会何等的汹涌澎湃。

所以，沟通时一定要把自己的真情实感淋漓尽致地表达出来，迅速激起对方的共鸣。让每句话都发光、发热，用饱含浓情的言辞去感染对方。

话题集中，才是沟通力的强效药

"鲁仲连义不帝秦"的典故千古传诵，鲁仲连不仅以他的铮铮铁骨、对强暴绝不屈服的勇气节义赢得了世人的仰慕，而且还以他洞察深刻、说理透彻、鞭辟入里的辩才折服了当时的策士们。他一去不返之前抛下的那句"所贵于天下之士者，为人排患释难，解纷乱而无所取也"的名言，让世人顿生敬意、回味无穷。

《战国策·赵策》中详尽地记述了这段历史。故事发生在秦国已然强大，睥睨群雄的时候，那时秦国围困赵国都城邯郸。魏安王派大将晋鄙将军援救赵国，但魏王与晋鄙都畏惧秦军，所以魏军驻扎在魏赵接壤的荡阴，不敢前进。魏王暗暗派辛垣衍潜入邯郸，通过平原君劝赵王尊崇秦昭王称帝，说这样秦国就会退兵。平原君心中很犹豫。这时鲁仲连游历到赵国，听说了这件事，就去见平原君，要求见辛垣衍。鲁仲连见到辛垣衍时，辛垣衍已知鲁仲连的来意，就主动发起进攻，发问鲁仲连这样的高义之士到赵国有什么可求。鲁仲连反击说，像周朝隐士鲍焦那样抱木死去，并不是为了自己，而是为了抗议当时的社会。如果秦王称帝，暴虐地统治天下，那就我也会像鲍焦那样赴东海死去。我来这里的目的不是有所求，而是要帮助赵国。我将让燕国和魏国来都助赵国，辛垣衍认为让燕国帮助赵国倒有可能，但让魏国帮助赵国就不可能了，自己是魏国的大臣，对这一点是有数的。鲁仲连说，假使魏国看到秦王称帝的害处，就必定会帮助赵国了。接着鲁仲连又说齐威王侍奉周王是很真诚的，周室贫困弱小，诸侯没有谁去朝拜，而齐国却偏偏去朝拜。但周烈王死了，各国诸侯都去吊丧，齐使最后才到，周显王就要斩了齐使。鲁仲连举这个例子是说，魏国现在为秦国效力，如果秦王真的称了帝，说不准哪一天也会翻脸的。辛垣衍这时才说，魏国不过是秦国的奴仆，尊崇秦国称帝也是没法的。

鲁仲连说："既然这样，那么我将要让秦主把梁王处以极刑。"辛垣衍听了后很不高兴，嫌鲁仲连说得太过分了。鲁仲连说："等我慢慢地对您说：从前鬼侯、鄂侯、文王，是纣王的三个诸侯。鬼侯有个女儿长得很美，进献给纣王。纣王却认为她太丑，因此把鬼侯剁成了肉酱。鄂侯极力去说情，又被纣王晒成了肉干。文王听说后，只是喟然长叹一声，纣王把他拘禁一百天，想要把他杀死。为什么和人家同称帝王，终于落到肉干肉酱的地步呢？"鲁仲连的意思是说，讨好有野心的帝王是不会有好下场的。如果魏王一味地讨好秦王，必然是鬼侯和鄂侯的下场。接着鲁仲连又说，齐闵王想称帝的时候，他到鲁国，要鲁国以天子的礼节接待他，鲁国关死大门，不让他进来。他到邹国想去吊唁刚死去的邹国国君，声称要以天子的身份出现，邹国的群臣都不同意，说如果那样他们将伏剑自杀。说到此处，鲁仲连正色说道："邹鲁两国的大臣，在君王活着的时候，没能力更好地供养侍奉，在君王死后也没有预备在君王嘴里含饭含玉的能力，然而齐闵王还想在邹鲁的大臣面前实行天子之礼，因此都不接待。如今秦国是一万辆兵车的大国，梁国也是有一万辆兵车的大国，都是万乘之国，相互间都有称王的名分。如果只看到一次战争秦国取得了胜利，就想从此尊秦称帝，这会使三晋的大臣，连邹鲁的奴隶都不如。再说秦王的野心没止境地膨胀，直到做成皇帝，他们将变换各诸侯的大臣，并且夺去他们所谓的无才者的位置，而安排他们所谓的贤良的人；夺去他们所憎恨人的位置，而安排他们所喜爱的人。他们又将要让自己的子女和善说坏话的小妾成为诸侯的妃姬，居住在梁王宫中，梁王怎么能平安地生活呢？而将军您又靠什么保住原来的尊贵地位呢？"

鲁仲连句句击中辛垣衍的要害。辛垣衍再也坐不住了，站立起来，再三拜谢说："原先我认为先生是平常的人，我从今才知道先生是最高义的人。请允许我离去，我不敢再谈尊秦为帝的事了。"秦军将领听说了这个消息，为此退兵了 50 里。

鲁仲连一番宏论说服了辛垣衍，阻止了秦王称帝的阴谋，此时魏公子无忌夺取晋鄙的军权来救赵国，秦将只好率兵回国。赵围解除，平原君想封赏鲁仲连，鲁仲连坚辞不受。平原君又赠送千金，鲁仲连说："对于天下人来说，最可贵的品质，是为人排忧释难解纷，然而却不索取什么。如果有所取，这是商人的勾当。仲连我不愿干这等事。"于是辞别平原君而去，一生再没来见平原君。

鲁仲连排患释难，在侠义的天下之士精神感召下，说服了魏国拯救了赵国。他论辩的主旨是指出诸侯国不应该向残暴专制、妄图称帝的强秦低头。他一方面指出诸侯国们伺候天子时丧失尊严的屈辱悲惨状况，指出倘若秦国称帝那么各国不会有好日子过，届时肯定会"人为刀俎，我为鱼肉"，就是诸侯国的大臣也岌岌可危。另一方面举出众多宁死不屈的诸侯国及其大臣，借以唤醒那些投降派们的斗志和勇气。这样从正反两方面的论证说服，终于使原来打算侍秦的大臣和国家走上了联合抗暴的道路，从而也化解了赵国的重大危机。

鲁仲连的演说激情洋溢、斗志昂扬，说理透彻，推理严密，且折射出他强大的情感力量和严谨的思维能力。

沟通是集情感、语言能力、心理素质、逻辑能力和知识储备为一体的高难度艺术，沟通虽然以语言为载体，但语言是人的知识、情感、意志的外化。在沟通中只有具备严密的思维能力，才能滴水不漏、所向披靡，而论辩如果缺乏热情和情感力量，那就很难撼人心魄，也很难达到我们谈话的目的。

无论讲什么内容的话，都要突出而鲜明地提出问题，表明自己的观点主张和态度，提倡什么、反对什么、歌颂什么、鞭笞什么，沟通的中心主题是什么，这些都要明确集中。沟通没有中心，内容就如同一盘散沙，自然也就不能引起听众的共鸣。有些孩子说起话来，没有确定的中心，胸无全局，讲起话来漫无边际，兴致所至，任意联想，以至于离题万里。尽管他滔滔不绝，口干舌燥，但听众却昏昏欲睡，不知言者所云。

要提高孩子的沟通能力，使之掌握沟通技巧，我们就要使自己的沟通语言集中、明确。孩子在生活中会遇到很多"语言失效"的情况，当孩子想表达自己的想法时，脑子里的东西虽然很多，但却一句话也说不出来，之所以会出现这样的情况，就是语言的集中性不够。集中性包括例证的选择能力、思维的分辨能力、语言逻辑的组织能力，等等。

下面，我们就具体谈谈孩子如何在沟通中表达自己的观点。

1. 用词准确明白

在谈话中，如果没有特殊的原因，就不要随意使用含含糊糊、毫无定准的词语，像"差不多""大概""大约""应该没问题"之类的弹性字眼。这在正式场合中不宜使用。

当然，这并不是说要求每个人沟通都要像法律条文那样严谨，主要是沟通人在陈述自己的观点时，使用词汇要尽量规范。生活中孩子会常常碰到用词不规范的现象，这无疑会产生多种语义效果，影响语言表达的集中性。

美国著名的五星上将麦克阿瑟在最后一次给西点军校的学员们演讲时说道："你们在生理年龄上都很年轻，而我的心理年龄比你们更年轻，永远向往战火纷飞的沙场……"

"生理年龄"和"心理年龄"，两个界定词让意思表达得明白无误，语言清晰有力，相信每个人在读到这段话时，都会被麦克阿瑟的那种豪言壮语所打动。麦克阿瑟一向被称为美国"战神"，除了他的赫赫战功之外，也要归功于他精妙的语言，毫不含糊，永远是那么有力，那么气势磅礴。

另外，词汇的选择也要考虑到听众群体，如果仅仅是用词准确，而听众理解不了，这也是失败的。例如，一位大学教授用平时讲课的词汇去给小学生讲课，结果肯定是失败的。因此，面对不同层次的听众，用词要加以调整，要以具体、准确为原则。因人而异，见机行事。

2. 提出的命题要正确

如果天气预报员说："明天可能下雨，也可能不下雨。如果下雨的话，请大家外出时带伞；如果不下雨，就可以不用带了……"

被当成论述结果提出，话语之间没有递进，全都是重叠，这就属于"空废命题"，说了半天就等于白说，而且听起来也十分荒谬可笑。

选择命题时还需要注意，不要使用牵强的、未经科学实验验证的观点来支撑命题。

3. 表达要简明扼要

有人问路道："请问到绿房子街怎么走？"

回答者说："你看见这条路了吗？这是黄房子街，不是绿房子街，虽然只差一个字。黄房子街尽头有一家茶楼，是'黄房子茶楼'，也兼营台球和网吧，你从茶楼那个路口向西拐，就是红房子街，在红房子街……"

回答者实在是过于热心了，提供了那么多对于问路者来说不需要的信息，造成理解上的困难。所以，孩子在表达观点时，要尽量简明扼要。除了必要的修饰之外，不要离题太远，卖弄辞藻，在毫不相干的事情上兜圈子，这样会造成他人理解上的歧义，使听众听后一头雾水，不知所云，从而丧失了谈话的集中性。

如果沟通双方把话说得简明扼要，重点突出，集中性增强了，谁都能听得懂，也就达到了沟通的目的。

我们不妨把刚才那位答话者的话改一下：

"去绿房子路，从这儿走到茶楼，再往西拐，走到红房子街尽头，再向北拐就是了。"

一句话说得清晰明了，自然使问路者一听即懂了。

4. 话语组织要有条有理

要做到说出的话所表达的思想意思集中、富有条理，在沟通前就要先为自己的话排出一个顺序，先说什么，再说什么，最后说什么，都要条分缕析。要把自己的思想转化为能让他人理解的形式，还要注意前后话语的逻辑联系，过渡转折要顺理成章，不要牵强附会。

实际上，沟通的集中性技巧远远不止这些，以上只不过是略举了几例。语言的魅力、语言的特性都是需要在大量的实践过程中把握的，这些包括知识的积累、思维能力的提高，等等。对孩子来说，广泛的阅读，涉猎多学科的知识，尤其是加强哲学知识的学习，对于提高他们语言表达的集中性会大有益处。

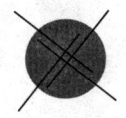

第六章

滴水不漏，
沟通高手的小指南

孩子不会察言观色怎么办

一个举人经过三科，又参加候选，得到了一个山东县县令的职位。第一次去拜见上司，想不出该说什么话。沉默了一会，忽然问道："大人尊姓？"这位上司很吃惊，勉强说了姓某。县令低头想了很久，说："大人的姓，百家姓中所没有。"上司更加惊异，说："我是旗人？贵县不知道吗？"县令又站起来，说："大人在哪一旗？"上司说："正红旗。"县令说："正黄旗最好，大人怎么不在正黄旗呢？"上司勃然大怒，问："贵县是哪一省的人？"县令说："广西。"上司说："广东最好，你为什么不在广东？"县令吃了一惊，这才发现上司满脸怒气，赶快走了出去。第二天，上司令他回去，任学校教职。究其原因，便是不会察言观色。

很多专家都把察言观色看作沟通的重要能力。如果看不懂他人的脸色，就别想读得出对方的心声。不知道对方的一个动作、一句话隐含的意思，就不知道对方在想什么。所以，在沟通场合懂得"看脸色"、见机行事就显得尤其重要。不论是跟上司要求升职还是加薪，或是与客户合作、谈判，还是与家人朋友和谐相处，都需要敏锐的观察力来解读对方心意，才能知进退，从而圆满达成任务。

多数人认为察言观色是一个含有贬义的词。一提起"察言观色"，许多人都会不由自主地联想到"阿谀奉承""溜须拍马"之类的词。其实察言观色并不是一开始就含有贬义的意思，只是，由于将历史人物特别是奸臣定格为善于察言观色的人，导致一提到这个词，很多人就从心理上不愿接受。其实察言观色人尽可用，只不过用的对象不同，用的手段不同，用的目的不同，出来的效果和评价也必然不同。例如，人民公仆总是心系百姓，能真心诚意体察民情，观察民色，善于从街谈巷议和世象百态中倾听民声、了解民意，随时随地为人民群众排忧解难，这样的"察言观色"为人称道，堪为楷模；而历史上的和珅、李莲英之流则把"察言观色"用在揣摩"圣意"、曲意逢迎以获取高官厚禄上，一天到晚费尽心机地溜须拍马，千方百计投其所好，讨其欢心，自然为后人所不齿。

实际上，察言观色是一切人情往来中的重要技术。不会察言观色，就看不出对方的喜好，找不到与对方沟通的点，甚至有可能犯下对方谈话的禁忌。这就好比一个不会见风使舵的水手，不知道自己是在顺风还是逆风中行驶，说不定就会在小风浪中翻了船。有的时候直觉虽然敏感却容易受人蒙蔽，懂得如何推理和判断才是察言观色所追求的顶级技艺。

我们常常听人议论说某人"有眼色"，其实这里的"眼色"也就是察言观色的能力。只有具备了这样的"眼色"，才能从一个人的言辞中分析出他的性格、喜好；只有具备了这样的"眼色"，才能从他的表情眼神窥探到他的内心；只有具备了这样的"眼色"，才能从他的坐姿、穿着上识别他的整体，对其内心意图洞若观火。我们拿观察对方的眼神为例，如果对方的眼神散乱，便可明白他暂时没有想到解决的办法；如果对方眼神横射，仿佛有刺，就意味着他对今天的谈话异常冷淡，此时就不要再多费口舌，从速借机退出是上策；如果对方眼神阴沉，则表明对方是个狠角色，与他交涉，须得小心谨慎；

如果对方眼神似火，便表明他此刻怒火中烧，此时你不应继续紧逼，要想办法与他妥协，再寻转机；如果他眼神恬静，面带笑意，表明他对某人某事比较满意，这时你不妨多说几句溢美之词，很有可能有求必应。

所以，只要多用份心，孩子就能深谙察言观色的道理，破译人际沟通的谜题，从而造就真正的双赢关系。

孩子说错话，你该如何让他学会道歉

在飞机起飞前一位乘客因吃药向空姐要一杯水，空姐承诺在飞机进入平稳飞行状态后会立刻把水送过来。但是飞机进入平稳飞行状态后很长一段时间里，空姐还没有把水送来，那位乘客再次按响了服务铃。一听到铃响，空姐立刻意识到自己工作的失误，便很快地端着一杯水来到那位乘客面前，微笑着向乘客道歉："先生，实在对不起，由于我的疏忽，延误了您吃药的时间，我感到非常抱歉。"但这位乘客并没有接受她的解释，并拿定主意要投诉这位空姐。

事后，为弥补自己的过失，这位空姐每次去客舱给乘客服务时，都会真诚地对这位乘客说一句"对不起"，而且始终面带微笑地询问他是否需要水或其他服务，这位乘客都没有理睬。飞机到达目的地之前，那位乘客要求空姐把意见登记簿给他送过去，空姐以为他会投诉她，但当所有乘客离开后，她打开一看发现，那位乘客这样写道："在整个过程中，你表现出的真诚的歉意，特别是你的微笑和'对不起'，深深打动了我，使我最终决定将投诉信写成表扬信。你的服务质量很高，下次如果有机会，我还将乘坐你们的这趟航班。"

据这位乘客说，在空姐第二次向他道歉时，他认为这是应该的，没有什么特别的感觉；但在空姐第三次向他道歉时，他投诉的念头有点动摇了，开始想原谅这个空姐工作中的疏忽；在空姐第四次向他道歉时，他已经彻底原谅了她；在空姐第五次向他说"对不起"时，他开始怀疑自己先前要投诉的想法是不是有点太过分了。所以最后在下飞机之前，这位乘客在意见登记簿上表扬了那个空姐的"优质"服务。

有一句话说得好："智者千虑，必有一失。"一个人再聪明能干，也会有犯错误的时候。人在做了错事之后，往往有两种截然不同的态度：一种是拒不认错，找借口为自己辩解开脱；另一种是坦诚认错，向大家说声"对不起"，并勇于改正，找出解决的途径。

在日常学习和生活中，孩子有时会因某种原因打扰别人、影响别人，或是给别人带来某种不便，在这种情况下，均应向他人表示歉意。道歉能使人与人之间即将产生冲突的气氛缓和下来，使大事化小，小事化了，甚至化干戈为玉帛。而通过自己的言语表达，让对方欣然接受和谅解，则是需要我们学习和训练的基本语言技能。表示歉意的词语通常有："对不起""请原谅""很抱歉""打扰了""给您添麻烦了"，等等。

道歉是一门学问，更是一门艺术，没有掌握其中的要诀，不但达不到修补关系的目的，甚至让人觉得像火上浇油。

向人表示歉意时，首先要面对现实。道歉并非耻辱，而是一个人襟怀坦荡、深明事理、真挚诚恳和具有勇气的表现，体现了一个人的素质修养。所以道歉时绝不能遮遮掩掩、扭扭捏捏，而应真心实意地表达歉意。

其次，要注意方式。如因一些小事打扰别人或引起别人不快的话，就应马上道歉，损坏别人的东西要主动提出赔偿。对于一些比较严重的误会或产生口角纠纷，事后感到自己有错，可以说一些婉转的话表示歉意，如"前些日子我误会了你，请不要放在心上""我太冲动了，你不要介意"。

有时，通过主动打招呼，邀对方一起娱乐，也可达到既表示了歉意也不失面子的效果。除了直接表达歉意外，还可以通过书信、第三者转达等方式向人道歉。这样也可达到道歉的目的，又可免去一些难堪的局面。

道歉有三个要素：承认错误、感觉遗憾以及为这件事情负责，你可以同时表达这三点，但是不一定要三个都表达，应该视情况而定。很多人没有把这三点分开，因此觉得道歉令人羞愧。

道歉是一个很细节的行为，但又是让很多人忽视的动作。然而，有了过失和错误，就应该及时道歉，说声"对不起"。"对不起"是消除后遗症的"定心丸"，说得越及时越好，说得越真诚越好。道歉既是尊重别人，也是尊重自己，不但能弥补过失，还能增进情谊，化解危机。

让孩子学会说"对不起"，看似简单，但它的效用，是别的字眼无法比拟的。"对不起"能使强者低头，使怒者消气，使沟通者更加成熟。孩子要做到真正有效的道歉，应该注意以下六点：

1．用清楚和正确的文字，而非煽动性的文字

通常，受侵犯者要的，无非是要对方承认错误，并且表示以后不会再发生。因此，过多情绪性的字眼，并没有帮助。

2．别为错误的对象道歉

很多人喜欢针对可以被原谅的事情道歉。但是如果他们道歉的重点，和被侵犯者感觉到的真正错误，并没有关联，那么道歉行为并没有解决问题，犯错者仍然不知道问题出在哪里。更糟的是，犯错者心存侥幸，扭曲状况，反而会进一步激怒对方。

3．思考道歉的角度

道歉可以用角色对角色，或个人对个人的方式进行，看哪种状况比较容易。举例来说，学生会里两位干部在语言上起了冲突，如果一方仍然对对方心中有气，可以站在职位角色的立场，向对方表达："我们都是同学，而且

又同在学生会里工作，我应该要更了解我们之间的差异。我很抱歉先前沟通很粗鲁。"这么一来，即使对方仍然余怒未消，但对立气氛已经比较缓和。

有时候，个人对个人的道歉比较管用。例如，"我不同意你对这件事的立场，但是我很希望未来仍然能和你共事，因此很抱歉我刚才沟通语气太过火。"选择你觉得比较容易的方式进行。

4. 不要"表达"遗憾，而是真正地沟通你的遗憾

让对方接收到你的信息，把重点从你身上转到对方身上，以及道歉的三个要素上，也就是承认错误、感觉遗憾和负起责任，这样会让对方较能接受道歉。

5. 道歉不是简单的"对不起"

有些人以为，只要告诉对方"对不起"，就是道歉，事实上完全不是这样。太多时候听到一些官腔式的、模糊的道歉语句，这种道歉使人感受不到诚意。道歉的重点在于：发出清楚、直接、诚恳的道歉信息。

如果觉得道歉的话说不出口，可用别的方式代替。吵架后，一束鲜花能冰释前嫌；把一件小礼物放在餐碟旁或枕头底下，可以表明悔意以示爱念不渝；大家不沟通，触摸也可传情达意，千万不要低估"尽在不言中"的妙处。

切记道歉并非耻辱，而是真挚和诚恳的表现。伟人也有道歉时，丘吉尔起初对杜鲁门的印象很坏，但后来他告诉杜鲁门以前低估了他，当然，这句话是以道歉方式做出的赞誉。

除非道歉时真有悔意，否则对方不会释然于怀，道歉一定要出于至诚，要堂堂正正，不必奴颜婢膝。孩子想把错误纠正，这是值得尊敬的事。应该道歉的时候，就马上道歉，越耽搁就越难启齿，有时会追悔莫及。要抓住时机不要放过机会。孩子如果没有错，就不要为了息事宁人而认错，要分辨清楚深感遗憾和必须道歉两者的区别。

有些过失是可用口头表示歉意并能奏效的，但有些过失不仅需要口头向

对方表示歉意，而且还需要有改正过失的具体行动。因为改正过失的行动往往是最真诚、最有力、最实际的道歉。

6.道歉的技巧

道歉的技巧各种各样，最常见的技巧主要有以下几种：

（1）说明失误原因

当错误已经酿成的时候，当事人首先要坦率承认错误，真诚道歉，使对方的怒气渐渐平息下来。然后再从主客观方面出发，向对方分析自己失误的原因，说明自己的难处，在一般情况下，对方都会理解孩子的苦衷，谅解孩子的过失。

（2）夸大自己的过错

当孩子把自己的过错夸大的时候，也意味着孩子有着一颗勇于承担责任的心，同时也表达了希望得到谅解的愿望。孩子越是夸大自己的过错，对方越不得不原谅。

（3）赞美对方

大多数人受到赞美后，都会不自觉地按赞美的话去做。丘吉尔起初对杜鲁门的印象很坏，但后来他告诉杜鲁门，说以前低估他了。这种赞美方式让两人的关系一下子变得亲密了许多。

（4）分析利弊以道歉

分析利弊可以让对方感到是站在自己的立场上想问题，这样有利于对方接受道歉。在孩子的生活中，与人交往难免会有说错话的时候。如果孩子的言行因不慎而给他人带来了精神上的巨大痛苦和经济上的巨大损失，孩子就应该及时地向对方承认错误，真心道歉，以求得对方的谅解和宽恕。如果确实是孩子自己错了，对自己所做的事要勇于承认，不找借口，也不采用大事化小，小事化了的态度。当然，如果自己确实没错，也没有必要为了息事宁人而向人家表示歉意。事情发生了，最好不要拖延时间，要马上道歉，越早越好。如果错过时机再道歉，不仅道歉的话会难以说出口，而且会让听者认为孩子没有诚意，失去应有的效果。

表示歉意时要有诚意，要充分显示出内心的歉疚，如果只是漫不经心地说一声："对不起，还要怎样？"不但于事无补，还会使事情恶化。当孩子道歉之后，对方的怒气或怨气肯定还没有完全消除，这时要耐心倾听对方诉说，让对方重复发泄内心的不满。从不满到谅解总需要一个过程，切不可操之过急。如果孩子耐不住性子说一句："我都道歉了，你还没完没了的，真是无理取闹！"这样不仅会前功尽弃，还会重新激化矛盾。

如果是亲人之间发生了小矛盾，最好的道歉方式是选用一些日常性的习语、爱称，或者改变人称。一般来说，这类语言感情色彩较重，容易拉近双方的心理距离，从而起到道歉的作用。

在向别人道歉时，也可以使用自责的方式。这可以让对方明白自己向对方道歉的意图，且能显示出自己豁达、率直、敢作敢当的风范。有位领导由于脾气不好，经常得罪人。后来，经人提醒之后，他学会了以自责的方法进行委婉的道歉，赢得了人心。道歉还可以采取述利析弊的方式。述利析弊可以让对方感到是站在自己的立场上想问题，接受道歉对自己有好处。

孩子沟通没轻没重，你还让他放任下去吗

有一天，一个人拿着一份七拼八凑的乐曲手稿来向 19 世纪著名的意大利作曲家罗西尼请教。在演奏过程中，罗西尼不停地脱帽。那位来访者问他："屋子里太热了吗？"罗西尼回答道："不，我有见到熟人脱帽的习惯，在阁下的曲子里，我碰到了太多的熟人，不得不连连脱帽。"

罗西尼巧妙地用"太多的熟人"的词语来暗示曲子缺乏新意，抄袭太多，既含蓄又明确地向对方表明了自己的看法和意见，既不伤情面，又达到了目的。

人人皆知沟通时有一个轻与重的分寸问题，但这个分寸怎样把握呢？要把握好沟通轻与重的分寸就必须首先认清沟通的对象——听话人的具体情况。如果听话人是一个很通事理的"明白人"，说的话就不必太重，蜻蜓点水，点到为止，一点即通，一点即透。这样的人就像一面灵通的"响鼓"，鼓槌轻轻一击，就能产生明确的反应。对这样的人，何必用语言的鼓槌狠狠地擂他呢？而相反，若听话人头脑不聪，或悟性太差，即使是犯了错误也迟迟反省不过来，这就是个"呆鼓"，若不用重槌敲他，他就一时半会儿也反应不过来。

所谓"重"就是把话说得直露些、尖刻些，有一定力度，有一定的警示性。而所谓"轻"则是把话说得隐晦些、浅淡些、客气些、简单些。由此可见，沟通的轻与重的确是一门艺术。

1. 借彼说此

利用两个事物之间的某一相似点，借用甲事物来说明乙事物，不仅通俗易解，还能增强说服力，往往能收到事半功倍的效果。

唐朝贞观年间，宰相封德彝鉴于兵源不足，便向唐太宗建议将不到参军年龄的中男（唐初十六岁为中）体格健壮者简点入军。唐太宗当即表示同意，并令中书省起草诏令，送门下省审议后，交尚书省执行。但当这一诏令送至门下省时，专门负责签名盖章的门下省官员给事中魏徵却拒不签字，中间虽经多次交涉，均未成功。最后，封德彝只得向唐太宗做了如实汇报。太宗听罢大怒，立即派人召来魏徵，声色俱厉地说："简点健壮中男入军一事，是我已经同意的。这件事究竟与你有何干系，竟这样固执地不肯同意，我真不明白你这是什么意思？"魏徵郑重地回答道："竭泽而渔，虽能一时打到鱼，但明年就无鱼了；焚林而猎，虽能一时捕到兽，但明年就无兽了。如果将中男简点入军，那么这些人原来承担的租赋杂徭，将如何取给？并且兵不在多，关键在于如何训练。如果训练得法，人百其勇，何必凑数？"接着，还一连列举了唐太宗即位以来失信于民的二三件事。最后，还严厉地指出，如果长此以往，怎能取信于民？唐太宗听后，沉吟半晌，终于诚恳地说道："我没有深思熟虑，竟犯了这么大的过失。如果长此以往，还能求得天下大治吗？"遂立即下令停止简点中男，并赏赐给魏徵一口金瓮。

在这段话中，魏徵借用借彼说此的技巧，十分具有说服力，因而成功地劝说唐太宗改变了主意。

2．正话反说

有一则宣传戒烟的公益广告，上面完全没提到吸烟的害处，相反地却列举了吸烟的四大好处：一能节省布料：因为吸烟易患肺痨，导致驼背，身体萎缩，所以做衣服就不用那么多布料；二可防贼：抽烟的人常患气管炎，通宵咳嗽不止，贼以为主人未睡，便不敢行窃；三可防蚊：浓烈的烟雾熏得蚊子受不了，只得远远地避开；四能永葆青春：不等年老便可去世。

这里说的吸烟的四大好处，实际上是讲吸烟的害处，此处用的是一种"正话反说"的方法。这种方法就是说，把原本想说的话换个角度，以另一种方式表达出来。

3．暗藏释说，以柔克刚

在日常生活中，直接侮辱他人，听话人当然很容易能听出来，如果沟通人是利用晦话隐语来侮辱人，听话人就更应注意了。听话人不仅要善于听出对方的恶意，而且必要时可以"以其人之道还治其人之身"，给对方一个含蓄的回击。

有一位商人见到诗人海涅（海涅是犹太人），对他说："我最近去了塔希提岛，你知道在岛上最能引起我注意的是什么？"海涅说："你说吧，是什么？"商人说："在那个岛上呀，既没有犹太人，也没有驴子！"海涅回答说："那好办，要是我们一起去塔希提岛，就可以弥补这个缺陷。"

这里商人把"犹太人"与"驴子"相提并论，显然是暗骂"犹太人与驴子一样，无法到达那个岛"，而海涅则听出了对方的侮辱和取笑，回答时话里有话，暗示这个商人是个驴子，使得商人自讨没趣。

4．反唇相讥，让取笑者自取其辱

晋朝刘道真虽然读过书，但由于遭受战祸，流离失所，无以为生，不得不到一条河边当纤夫。刘道真素来嘴不饶人，喜欢嘲笑别人。一天他正在河边拉纤，看见一个年老的妇人在一艘船上摇橹，便嘲笑说："女子为什么不在家织布，而跑到河里划船？"那老妇反唇相讥道："大丈夫为什么不跨马挥鞭，而跑到河边替人拉纤？"

又有一天，刘道真正在草屋里与别人共用一只盘子吃饭，见到一个年长的妇人领着两个小孩从草屋前走过，三个人都穿着青衣，就嘲笑他们说："青羊引双羔。"那妇人望了他一眼，说道："两猪共一槽。"刘道真无言以对。

在交际场合，遇到某些小人含沙射影，指桑骂槐，我们可采用以下策略：

（1）以牙还牙

及时巧妙地抓住对方沟通内容中的漏洞反戈一击，来揭露其丑恶，戏弄其无知，回击恶意的挑衅，以解脱自己的窘境。

安徒生十分简朴，曾戴着一顶破帽子在街上行走，有个过路人取笑他："你脑袋上边那个玩意是什么？能算是帽子吗？"安徒生随即回敬道："你帽子下面那个玩意是什么？能算是脑袋吗？"安徒生这一答话，就是沿用对方讥笑话的句式来讥笑对方，给人痛快酣畅之感。

（2）以退为进

有时在沟通中，表面退缩，实则是为了更有力地反击，就像拉弓射箭一样，先把手往后拉，目的是更有力把箭射出去。

古代齐国晏子出使楚国，因其身材矮小，被楚王嘲讽道："难道齐国没有人了吗？"晏子说："齐国首都大街上的行人，一举袖子能把太阳遮住，流的汗像下雨一样，人们摩肩接踵，怎么会没有人呢？"楚王继续揶揄道："既然人这么多，怎么派你这样的人出使呢？"晏子回答说："我们齐王派最有本领的人到最贤明的国君那里，最没出息的人到最差的国君那里。我是齐国最没出息的人，因此被派到楚国来了。"几句话说得楚王面红耳赤，自觉没趣。

这个故事中晏子的答话就是采用以退为进之法，貌似贬自己最没出息，所以才被派遣出使楚国，这表面上是"退"，实则是讥讽楚王的无能，是"进"，以退为进，绵里藏针，使楚王侮辱晏子不成，反而受到奚落。

会沟通的孩子，总会说出创意性的赞美

我国素有礼仪之邦之美誉。古往今来，和气待人、和颜悦色被视为一种美德。《荀子·大略》说："言语之美，穆穆皇皇。""穆穆"指恭敬，"皇皇"指正大。汉代学者刘向在《说苑》中说："辞不可不修，说不可不善。"社会发展到今天，语言美已成为做人的基本要求。对于孩子来说，更应该注重语言美。

语言美从形式上看，应该理解为语气亲切，语调柔和，语言含蓄，措辞委婉；从内容上说，则要求学会赞美别人。

赞美别人是一门高深的艺术，恰如其分的赞美带给身心的是欢愉，真诚的赞美如同阳光恩泽万物。在我们的工作生活中，人人都渴望被别人赞美，这是出于人的自尊需要，是一种正常的心理需求。它代表自己被别人认同、被别人接纳、被别人欣赏，代表自己的一种存在价值。这绝对不是虚荣心的表现，而是渴求上进，寻求理解、支持与鼓励的表现。

给予别人真诚的赞美，就仿佛用火把照亮别人的心田，激发起被赞扬者前进的信心和动力，体现了对人的尊重、期望与信任，并有助于增进彼此间的了解和友谊，是协调人际关系的好办法。人人皆有可赞美之处，只不过长

处优点有大有小、有多有少、有隐有显罢了。只要孩子细心，就随时能发现别人身上有可赞美的闪光点。学会赞美别人，往往会成为你处世的法宝。

那么，孩子应当如何赞美别人，怎样才能说出有创意的赞美？这就需要掌握一些赞美的艺术。

1. 赞美要"诚"

所谓"诚"，就是要发自于内心，让别人切实感受到孩子的诚意。

首先，态度要真诚。在赞扬别人时，要与对方有目光上的交流，如果东张西望，就会给人以心不在焉、虚情假意的感觉；赞扬的话要实在，如果一个女孩长相一般，你却对她说："你真是美若天仙。"对方会立即认为你是油腔滑调，诡诈虚伪，往往会弄巧成拙。如果你着眼于她的服饰、谈吐、举止，发现她这些方面的出众之处并予以真诚的赞美，她一定会高兴地接受。真诚的赞美不但会使被赞美者产生心理上的愉悦感，还可让你经常发现别人的优点，从而使自己对人生持有乐观、欣赏的态度。同时，要养成在第一时间给别人以肯定的习惯，不要在有事求人时才称赞别人。太过功利的赞美会让他人产生怀疑和不屑。

其次，言语要真诚。最真诚的赞美往往是最自然朴实的，不是过分夸张和矫揉造作的。

2. 赞美要因人而异

人的素质有高低之分，年龄有长幼之别。所以，赞美别人要因人而异，突出个性。年长者希望别人不要忘记他"当年"的业绩与雄风，因此在与其沟通时可多多称赞他引以为豪的过去；对于年轻人，不妨赞扬他的青春活力、创造才能和开拓精神，并举出具体的实例，证明他确实能够前程似锦；对于商人，可以称赞他头脑灵活、管理有方、生财有道；对于领导干部，可以称赞他一心为公、廉洁清正；对于知识分子，则可以称赞他知识渊博、宁静淡泊……当然，这一切要依据事实，切不可虚夸。

3.赞美要独具匠心

一个学识出众但长相一般的女孩，如果赞美她的专业水准高，也许她并没有多少感觉，因为她自己对这一点充满了自信，而且这一方面的赞扬她已听得太多了。可是如果你赞扬她"走路姿势很优雅，显得很有气质"的话，她可能就会深深地记住这句话。

4.赞美要合乎时宜

赞美的效果在于见机行事、适可而止。当别人计划做一件有意义的事情时，开头的赞扬语能鼓励他下决心做出成绩，中间的赞扬语有益于对方再接再厉，结尾的赞扬语则可以肯定对方的成绩，为其指出进一步努力的方向。

5.赞美不仅要锦上添花，更须雪中送炭

俗话说："患难见真情。"当一个人身处逆境的时侯，他很难听到一声赞美的话语。这时候如果我们鼓励、赞美他，不仅可以使得他振作精神，还可以大大增进彼此间的友谊。

6.赞扬还可以有间接、含蓄的表达方式

对于任何一个人，最值得赞美的，不是他身上众所周知的明显的长处，而是那些蕴藏在他身上，既极为可贵又尚未引起重视的优点。这种赞美，为进一步开发他潜在的智慧与力量开辟了一个新领域，有助于他在攀登事业高峰的征途上，更上一层楼。内容明确，有创意的赞美更可贵也更可信。与其空泛、笼统地赞美对方很聪明、能干，就不如具体地赞美他办成的几件聪明事，这样才有助于他真正发现、发挥自己的长处和优势，激发起更强的上进心、荣誉感、自豪感。赞美也不一定局限于对个人，也可包括对他所从事的职业、所属的民族，及至他工作的单位、就读的学校。这种对群体的赞美，在现代的集体社交活动中，具有特殊的公共关系效果。有些人不习惯于当面直接赞美别人，或不习惯于当面被别人直接赞美，恰如其分的间接赞美，其意义与效果并不亚于直接赞美。

还可以运用眼神、动作、态度等非语言形式向对方暗示。比如，可就某一问题恭敬地请教别人；十分认真地倾听某人的谈话等。有时侯，可以通过转述别人的话"某某觉得你……"来赞美对方，这样双方都会觉得更自然、更亲切。

7. 莫说不当的赞美

赞美的话要恰到好处，有一些赞美之词，由于表达不当，会让对方听起来感觉不像是赞美，更像是贬低或侮辱。这样，赞美就被打上了折扣，结果自然事与愿违，不欢而散。

有一个男青年，在饭店遇到一位认识的女孩，她正和一位女伴在用餐。女孩显然是刚参加完一个重大活动，穿得很漂亮，还精心打扮了一番。男青年走上前去，对女孩说："哇，婷婷，你今晚真漂亮，真像个女人！"女孩听了很不高兴地道："那我平时看上去像什么？"

有时，你的赞美很有可能暗含对对方缺点的影射。比如："太好了，在一次次半途而废、错误、失败之后，您终于成功了一回。"

还有时，你的赞美之词可能会不经意间流露出对对方的不信任。比如："真没想到，你竟然会获奖！""呵，你居然成功了，真让人难以置信啊！"

赞美的话一定是字字珠玑，让人感到如沐春风似的，就好像空气清新剂，可以振奋精神，可以"美化"气氛。但是再好的清新剂也会有过敏者，所以，一定要掌握好使用赞美话的原则。

学会提建议，也是孩子的必备技能

战国时期，陈轸来到秦国，正赶上秦惠王为一件事发愁。当时韩、魏两国互相攻打，打了一年也没分出胜负，而且战争也没有停止。

秦国是当时的一个大国，秦惠王想凭借自己的实力来阻止这场战争，一是彰显一下自己的实力，二是以阻止战争为借口，然后乘虚消灭两国。于是他就问左右的大臣，大臣们都各执一词，有的认为阻止这场战争好，有的认为不该阻止这场战争，秦惠王没有决定下来。惠王见众官的说法都不一样，一时间不能决定，所以就想听听陈轸的想法。

陈轸听秦惠王诉说完自己的烦恼以后，先不谈这场战争，而是给秦惠王讲了一则《两虎相争》的寓言故事：

从前，有个人叫卞庄子，以开旅馆为业，因此人们也叫他馆庄子，他还雇了一个小伙计。卞庄子为人喜好勇武，而且自己也很厉害，只身敢同老虎搏斗。

有一天，一个牧童跑来，对卞庄子说："不好了！两只老虎正在争吃我的牛呢！你快帮帮忙把老虎赶跑吧？"

卞庄子听到后，浑身热血沸腾，好像在燃烧，马上就提着宝剑随着牧童跑到山上。到了山上，只见一大一小两只老虎正咬住一头牛，牛拼命地挣扎着。卞庄子二话不说，拔出宝剑就要去刺杀老虎。

这时，跑来的旅馆小伙计一把拉住卞庄子说："两只老虎正争着要吃牛，吃到了甜头，必然争抢起来，争抢起来必然互相搏斗。所谓'两虎相争，必有一死'，死的那一只肯定是小老虎。等小老虎死了以后，大老虎肯定也要受伤。到时候你刺杀那只受伤的老虎，轻而易举。这样一来，你只要刺杀一只老虎，就可以获得刺杀两只老虎的美名。"

卞庄子认为小伙计说得有道理，于是他们就站在那里等着。

过了一会儿，两只老虎果然因为怎样分得食物的问题互相搏斗起来，不出小伙计所料，小老虎被大老虎咬死了，大老虎被小老虎咬伤了。这时卞庄子拿起宝剑刺死了受伤的大老虎，果然一举两得，获得了刺杀双虎的美名。

陈轸讲完了故事，对秦惠王说道："现在韩魏两国相攻，一年也没停止。这必然使大国受伤，小国灭亡。大王讨伐受伤的大国，这不是一举消灭了两个国家吗？这同卞庄子刺虎是同样的道理。"

建议，对于帮助他人和建立真诚的人际关系，起着难以替代的重要作用。不能给予他人建议的人不是真诚的人，这种人不会将自己的真实感受告诉对方。也就是说，不爱别人的人不会给予他人建议，不被他人爱的人也同样得不到建议。因此，孩子应该欢迎建议，更应该给人以建议。

中国有一句古话："良药苦口利于病，忠言逆耳利于行。"既然如此，为什么大多数人都讨厌建议？建议为何听起来总不顺耳，甚至引起反抗和抵触的情绪，取得相反的效果呢？究其原因，就在于一般人容易受感情支配，即使内心有理性的认识，但仍易受反感情绪的影响而难以听进忠言。商朝末年，纣王昏庸无道，丞相比干多次进谏，纣王非但不听，还下令比干剖心而死。在现代职场，对上司提出逆耳建议，很有可能被"炒鱿鱼"。在家庭生活中，父母对儿女的建议，有时会引起孩子的逆反情绪，和父母的关系闹僵。为什么良药就非得苦得让人难以下咽，忠言就一定要让人听了难受呢？其实，良药苦口是科学不发达的表现，现在在苦药外加一层糖衣，苦药就不再苦口了。同样道理，只要掌握一些基本的沟通技巧，就如同给忠言也裹上一层"糖衣"，忠言也就变得顺耳了。

在我国古代封建社会中，臣子进谏，乃是君臣关系中的重要一环，却又隐藏着极大的风险。君臣之仪甚严，臣子们的一言一行都需注意后果，一不小心，便可能招致杀身之祸。我国历史上出现过很多敢犯颜直谏的忠臣，像魏徵、海瑞，他们在殿前披肝沥胆、直言不讳，其大义凛然的风骨令人肃然起敬。而历史上也有很多善谏之人，巧妙地根据形势和需要，运用譬喻、对比等种种手段，使谏言显得十分婉转，以便于高傲的帝王们接受。

在《战国策》中有一则著名的《邹忌讽齐王纳谏》的故事。邹忌先用婉言相劝法，别出心裁，对齐威王大讲其与北城徐公的比美竞赛，妻、妾、客之所以说他比徐公美，是为了各自利益，而事实是自己"不如徐公美"。当齐威王因为这个故事而哈哈大笑时，邹忌才将话题引入正题，巧施攻心之术，最终进谏成功。良好的劝诫效果雄辩地证明：进忠言，有时"顺耳"更容易达到理想的效果。

在现代社会，孩子更应该学会提出委婉的建议。有道是"良言一句三冬暖，恶语伤人六月寒"。那么，我们应当怎样进行建议呢？

提出委婉的建议，要先把握住七点原则。

1. 了解事实

建议要想获得成功，必须先了解事实，不要捕风捉影。只有清楚地了解了事实，才能判断是否有必要提出建议，提出建议的角度如何选择，建议以后会有怎样的效果。如果仅凭借听到的一些信息就去建议别人，容易引起不必要的误会。

2. 揣摩心理

一般情况下，要提出建议的对象大多是自己所熟识的人，对对方会有一个基本的甚至是一定程度的了解。通过与之沟通，理解对方对事件的基本态度，揣摩对方此时的心理，再"按病开方，对症下药"。

3. 适时适度

提出建议时需要选择一个恰当的时机与场合，最好是在两个人独处的时候，以一对一，避开他人，切忌在大庭广众之下向对方提出建议。因为当着他人的面向对方提出建议，对方就会因受到自尊心驱使而产生抵触情绪。

在什么环境提出建议也很重要。原则上讲，提出建议时，谈话的环境最好是让人感到舒适，心情平静的，切忌在让对方感到紧张和不安的环境中提出建议。

提出建议时还应适度，点到为止。方式要适当，言语要真诚、客观。

4. 开诚布公

在对别人进行善意的建议时，开诚布公地谈话，会拉近双方的距离，只有心心相印，沟通才会顺畅。可以试着让孩子这样打开话题："现在你想听听我的一点建议吗？"也可以说："想不想听一个和你的想法完全不同的主意？"如果对方表示出想听的意愿，通常他也会将孩子的话当作重要的参考。但如果对方反应冷淡，就不如选择沉默。

5. 谨慎行事

为对方好是建议的根本出发点。因此，要让对方明白孩子的一番好意，就必须谨慎行事，不可疏忽人意，随便草率。此外，沟通时态度一定要谦和诚恳，用语不能激烈，也不必过于委婉，否则对方就会认为是在教训他，或虚情假意，产生反感情绪。

6. 学会赞美，减少话语中的"攻击性"

有时候孩子明明说的是很中肯的话，但对方未必能听到心里去，很重要的一个原因便是措辞过于咄咄逼人，也许在不经意间伤害了对方。应让孩子先将想说的话在脑子里过一遍：想象着此时是另一个人正在和你说这些话，看看你是否会对其中的某些话语感到别扭或心里不舒服。也可以尝试着先真心诚意地认可和赞美对方的某些观点，然后再询问："你确定这个想法就是最好的吗？"接着说出自己的想法。如果孩子的建议最终也没被采纳，不要因此而变得愤怒或尖刻，要知道，提出建议的目的是让身边的人妥善处理问题，而不是只听你一个人的指挥。

7. 不要比较

提出建议时还有一个重要原则，就是不要以事与事、人与人比较的方式提出建议。因为此时的比较，往往是拿别人的长比对方的短，这样很容易伤害对方的自尊心。

"我说小刚呀，你看隔壁家的张昊多懂事，学习努力，成绩又好，多省心啊！你和张昊同年生，你还比他大两个月哩。你要好好向他学习，别再让我操心了啊！"一位母亲这么建议自己的儿子。

"哼，嘴里整天都是张昊这也好那也好，干脆让他做你的儿子算了！"

儿子的自尊心受到伤害，母亲的建议效果适得其反。

一位丈夫对不爱整洁的妻子提出了建议：

"我说，你看前楼的杨太太哪天不是整整齐齐的，而你总是不修边幅，你就不能学学人家的好样吗？"

"学学人家？你有人家丈夫赚得多吗？你有了钱，难道我还不会打扮吗？"

虽然妻子明明知道自己的弱点，但出于自尊心，她没好气地"回敬"着丈夫，丈夫的建议失败了。

如果那位母亲这样说："小刚，妈妈看你最近表现得不错，所以买了些你爱吃的东西好好犒劳犒劳你，你要再接再厉啊！"

"谢谢妈妈，放心吧，我绝对不会让您失望的。"

如果那位丈夫这样说："亲爱的，我发现你最近的皮肤特别好，用了什么化妆品啊。"

"你知道我从来不用化妆品的。"

"没用皮肤都这么好，如果用了一定更漂亮。我今天发了奖金，我们去买一套化妆品吧。再买一套新衣服，做个头发，你会更加迷人的。"

试问，这样的话怎会不让妻子眉开眼笑呢？

由此可见，人们不是不能接受建议，问题的关键是提出建议的方式是否得当，是合适得体，还是无所顾忌；建议的态度是温和有礼，还是粗暴蛮横，这就是建议能否顺耳的根本分界点。要使你的建议让对方愉快接受，欣然改之，就要善于使用"不苦口"的良药，"不逆耳"的忠言。

让孩子学会说"不"有那么难吗

有人想请庄子做官，庄子并未直接拒绝，而是打了个比方，说道："你看到太庙里被当作供品的牛马了吗？当它们未被宰杀时，披着华丽的布料，吃着最好的饲料，的确很风光。一旦到了太庙，被宰杀成为牺牲品，再想过自由自在的生活，可能吗？"

在这里，庄子并没有正面回答，但一个贴切的比喻已经很明确地表达了自己拒绝做官的意思。

在日常生活中，有的人为了保全面子，使别人对自己有一个美好的印象，或者觉得不应该让别人扫兴，给对方一个台阶下，于是，当别人向他提出一些请求时，他并不是从这件事的后果去考虑，而是不加分析地完全接受。乐于助人，虚心听取别人的意见，是一种美德，而且我们也提倡当别人遇到困难时，孩子能伸出热情的友谊之手。但这并不等于别人的所有要求孩子都应该答应，因为有很多事情是孩子想办却难以办到，甚至不能办到的。因此，当别人向孩子提出一些要求时，希望得到孩子的帮助与支持，或是邀请孩子参加一些社会活动时，你要让孩子学会首先考虑，这件事的实际意义和价值是什么，有没有办的必要。其次，还得考虑到这件事可能会产生的后果和影响。这就是所谓的"三思而行"。

我们知道，言而有信是做人的信条，也是打造广泛和谐的人际网络的基础。当孩子觉得有些事是自己不能办、办不成或是根本不愿办的时侯，你就应该让他敢于把"不"说出口。若是硬着头皮承诺下来，到时候不仅会让人失望，还可能因为耽误了朋友的事情而伤了感情。明明不愿办的事情，勉强为之，久而久之，便会成为沉重的思想包袱。

孩子们常常会遇到这样的情形：

你的同桌希望你在考试时把你的试卷往他那边移一移，可你觉得这是作弊的行为，不想帮他这个忙，这时你该怎么办？

你最好的朋友约你周末一起去逛街，而你因为要完成一篇作业，要去图书馆查资料，你会怎么说出拒绝的话？

一个男同学想让你帮忙给一个他心仪的女孩传递"情书"，而你并不情愿这样做，你会怎样拒绝？

世界著名影星索菲娅·罗兰在其自传《生活和爱情》中，记录了美国著名电影大师卓别林的一段话："你必须学会一件事，也许是生活中最重要的一课，那就是必须会说'不'，你不会说'不'，这是个严重的缺陷。我很难说出口，但我一旦学会说'不'，生活就变得好过多了。"卓别林的意图是告诫人们要树立一种严肃的、独立自主的生活态度。这一点，对于孩子的成长大有裨益。

但是，拒绝却不是一件容易的事，这就需要在社交活动中学会巧妙而有效地拒绝，以"有礼有力"为基本原则，根据不同的情境善于说"不"。

所谓"有礼"就是有礼貌，言语要真诚，态度要谦和，要尽量照顾到别人的利益和情绪，所以用词要尽量婉转。所谓"有力"就是有力量，即你讲的话要明确地表达出你的真实意愿。

希望通过下面几个关于拒绝的小故事，能对孩子们有所启迪：

1. 委婉拒绝法

人们在交往中，有时对方提出的问题是你所不能接受的，但又碍于情面或感情不好直接予以拒绝，这时的回答可以委婉一些，使对方仍感到是受人尊重的。有时候，委婉的拒绝是希望对方能够知难而退。

一次，一位读过《围城》一书的美国女士到中国来，打电话给该书的作者钱锺书先生，说自己很想拜见他。钱锺书先生一向淡泊名利，不慕虚荣。他在电话中婉拒道："假如你吃了一个鸡蛋觉得不错的话，又何必一定要见那个下蛋的母鸡呢！"

在此，钱先生运用新颖、别致而又生动、形象的比喻，拒绝了那位美国女士的请求，既维护了那位女士的自尊，又避免了不必要的麻烦。

2. 故意曲解拒绝法

有一次，一位贵妇人邀请意大利著名小提琴家帕格尼尼到她家喝咖啡，帕格尼尼同意了。当然贵妇人是醉翁之意不在酒了。果然，临出门时，贵妇人笑着说道："尊敬的艺术家先生，请您千万不要忘了，明天来的时候带上您的小提琴。""这是为什么呀？"帕格尼尼故作惊讶地说："太太，您知道我的小提琴是不喝咖啡的。"

帕格尼尼通过故意曲解对方语言的含义，把自己的拒绝意思表达得很明确。

3. 赞美拒绝法

小张因为有事向他的老板请假一周，但老板只给了他三天假。老板说："别人需要一周办完的事，凭你的能力，三天准能办好。"

这种拒绝法的高妙之处就在于，如果对方不接受你的拒绝，那就是承认自己不行，又有谁愿意在上司面前承认自己不如别人呢？

4. 拖延拒绝法

一位传销人员向你推销某种产品，但你并没有想买的意愿。你可以装作很着急的样子对他说："给我一张你的名片吧，我马上有一个约会，有时间我会和你联系的，今天就这样吧！"

5. 幽默拒绝法

罗斯福在就任美国总统前，曾在海军部担任要职。有一次，他的一位好友向他打听海军在加勒比海的一个小岛上建立潜艇基地的情况，罗斯福谨慎地向四周看了看，然后压低声音问道："你能保密吗？""当然能。""那么，"罗斯福微笑地看着他说，"我也能。"

罗斯福用含蓄幽默的话语，既坚持了自己的原则，又没有令朋友太过于难堪，表现了罗斯福高超的语言技巧，其积极效果非常明显。

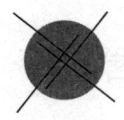

第七章

思维力：

让孩子拥有好口才

创意思维让孩子拥有魅力语言

战国时期的苏秦和张仪是鬼谷子的两个得意门生。他们原本是一贫如洗的穷酸书生，身无分文，却能仅凭借三寸不烂之舌到处游说，建功立业。他们分别提出了"合纵""连横"的构想。

面对当时的形势，苏秦在各国奔走，纵横捭阖，以"合纵"主张身佩六国的相印，左右当时的天下形势10多年。苏秦死后，张仪又是凭借着高超的沟通力技巧，以天下为舞台，以"连横"创意游说秦王，为秦国匡合六国、统一天下打下了坚实的基础，从而影响了中国几千年的历史进程。

"创意"是一个外来语，其含义是"具有创造性的意念"，创意思维就是具有创造性意念的思维方式。创意语言并不是靠语法规则或某些修辞手段的固定模式创造出来的，它来自于言谈者的语言修养、灵感和创新思维。只有培养锻炼创新思维能力，才能使孩子的注意力、观察力、想象力和思维的操作能力得到综合的开发和利用。

语言会显示出我们头脑中关于目的和手段的潜在的思维框架，能够在提高综合思维能力、激发问题意识与目的意识、超越线性思维、丰富知识结构的过程中，回归人的开拓性、创造性。

对孩子来说，如何卓有成效地进一步培养创新思维，开发创新能力，以适应新时代社会的需要，是一件非常有意义的事情。

创新思维是思维的一种智力品质，它是在客观需要的驱动和伦理规范的要求下，在已有经验和感性认识、理性认识以及新获取的信息的基础上，统摄各种智力因素与非智力因素，利用大脑的有意识的悟性思维能力，在解决问题的过程中，通过思维的敏捷转换和灵活选择，突破和重新构建已有的知识、经验和新获取的信息，以具有超前性和预测能力的新的认知模式把握事物发展的内在本质及其规律，并进一步提出具有独特见解的具有主动性和独特性的复杂的思维过程。

对孩子来说，强调创新思维方法的技巧和技能的训练，是提高创新思维能力的手段之一。通过针对大脑某一机能所特意制作出来的思维强化训练，我们完全可以养成淡化思维定式的习惯，在提高综合思维能力、激发问题意识与目的意识、超越线性思维、丰富知识结构的过程中，回归人的开拓性、创造性。

古人云："击石不断，火头始出；功夫不断，悟头始出。"创新思维训练，不仅是一个爽心益趣的思维娱乐活动，它更是一个启迪益智的开发思维创新能力的活动。它的价值就在于通过这种有意识的训练，发掘我们的创新感觉、培养创新意识、锻造创新能力、发展创新精神，从而在生活、学习、工作中，从容应对需要解决的各种问题，并由此而发现、发展着人的综合创新素质。

语言会显示出孩子头脑中关于目的和手段的潜在的思维框架。美妙的创意语言并不是靠语法规则或某些修辞手段的固定模式创造出来的，它来自于言谈者的语言修养、灵感和创新思维。它必须能恰如其分地诉诸听众的社会意识、审美情趣、生活要求和个人性格。一些优秀的创意语言，或妙语连珠、怡人耳目；或一语惊人，振聋发聩；或精炼含蓄，发人深思。对于老师来说，语言若能充满新意，能十分有效地增加个人魅力，把学生紧密地团结在周围。这就是创意语言的魅力之所在。

宋代大文人苏东坡被贬谪到海南岛时，应一个做油馓子的老婆婆之邀，写过一首诗："纤手搓来玉色匀，碧油煎出嫩黄深。夜来春睡知轻重，压匾佳人缠臂金。"这首诗比喻形象，写出了馓子色鲜、酥脆的特点，人们听后馋涎欲滴，争相购买，从而使得老婆婆生意大增，馓子供不应求。

沟通力并不是天生的，是不断训练及培养的结果，也是岁月累积的成就。思维是沟通力的基础，沟通力是思维的表达，没有创新思维的人，是无从谈起"创意沟通力"的。

法国著名文学家罗曼·罗兰说："创意是历史永远有效的契机。"在沟通力领域里，同样如此，创意是一个人言谈深受众人欢迎的重要动力。为何沟通力需要有新意？一方面是为了所说的信息有价值，不同于流俗；另一方面是为了所说的话有魅力。如同世界上没有两片完全相同的树叶，因为大自然不喜欢雷同和重复。

那么，在日常交流中，孩子如何才能形成创意沟通力呢？古人有诗云："绿阴不减来时路，添得黄鹂四五声。"在众人熟悉的绿荫如画的景色中，又传来黄鹂的欢快叫声，别有一番情调，更能吸引人心。同理，如果孩子能在平实的言谈中，巧妙地掺入一些新的东西，就能使他们的言谈充分地体现出迷人魅力和积极影响。

法国的丹纳曾经说过："一切典型永远可以推陈出新，过去如此，将来也如此。而且真正天才的标识，他的独一无二的光荣，世代相传的义务，就在于脱出惯例与传统的窠臼，另辟蹊径。"言语交锋碰撞摩擦出的火花是酿造新思想、打破思维惯性的原动力，是形成创意的摇篮。下面来介绍一下创意沟通力在实际生活中与人交流时的一些运用技巧，助孩子不时地产生一些灵感，让自己的语言别出心裁，与众不同，充满迷人的魅力。具体方法如下：

1. 善说"未必"

勇于质疑，对那些约定俗成的说法或是似是而非的论断敢于提出质疑，不随波逐流，不轻易盲从，努力发现事物背后存在的多种可能性。善说"未必"，不人云亦云。在论辩中，运用此种方法，可有效地反击对方的论断，取得主动。同时，这种探索事物多种可能性的思维方式，也可使孩子的沟通深刻锐利，富于表现力和创新性。

希波克拉底是古希腊的医学之父，有一次，他与某人进行了一场辩论，那人说："如果医药能解救人的生命，那么人为什么还得死呢？这说明医药是不起作用的。"

希波克拉底反驳说："未必。医药不是长生的符咒，它只为患病的人解除痛苦，如果你认为医药没用的话，那当然可以不就医。"

那人说："如果我不就医的话，要医生有什么用呢？"

希波克拉底说："你是你自己，其他人未必和你想的一样。"

希波克拉底在这段论辩中，巧妙地加以反驳，把那种以偏概全、以个体代替所有人的荒谬论点，用一个"未必"就从容不迫地驳倒了。善说"未必"的好处在于使我们发现事物的多重属性，不拘泥于某种成规定论。当我们面对某一个观点时，我们要多说几个"未必"，不要让自己成为一个人云亦云的人，这是培养出创造性沟通力的方法之一。

2. 摆脱时空束缚，大胆假设

在与他人谈话中，孩子会受到外界的很多因素制约，不可能漫无边际地交流。例如，客观环境、教育背景、生理状况等等，都在制约着思维方式和创造力。因此，在谈话中就需要不断地打破这些制约，增强头脑的超越性，摆脱具体时空的束缚。最好的办法就是向自己提出一系列的"假如"，然后试着回答它们。这些超越现实的想法，听起来很荒谬，但却往往是孕育创意沟通力的温床。

电影的发明者法国卢米埃尔兄弟，曾经是一对摄影爱好者，他们在发明电影的过程中，向当时国家组织的摄影家团体申请资金，面对别人的质问和耻笑时，就运用了"假如"技巧，巧妙地化解了尴尬和说服了他人。

当时有人质问他们说："你们究竟想做什么？"

卢米埃尔兄弟回答道："假如胶片会动的话，我们是说假如胶片能动，连续不断地形成一段图像的话，那会对我们很有好处。"

那人不以为然地说："仅仅只是假如吗？如果不成功呢？"

卢米埃尔兄弟回答道："假如第一个类人猿不敢设想它能站起来走路的话，那么我们人类今天还会趴在地上。"

卢米埃尔兄弟用以反驳对方的话成为电影史上的名言。他们很好地利用了"假如视角"，去说服顽固不化的对手。

其实，不论是伟大的发明家，还是成功的演说家，其高明之处往往在于能发现新的改进生活的方法，哪怕这些方法仅仅只是个设想，是"假如……"，但恰恰就是这假如成为创造性的来源。同样，如果孩子在面对新事物或新观点的时候，大胆假设，摆脱时空束缚，更多地使用"假如视角"，去观察它们，评价它们，就会培养出创造性的沟通力。

应变思维让孩子学会灵活转换

清乾隆年间，杭州的南屏山净慈寺有个和尚叫诋毁。此人聪明机灵，心直口快，喜欢议论天下大事，对朝廷多有不敬之辞。

乾隆皇帝对此早有所闻，巡视江南来到杭州时，为找碴儿惩治他，于是乔装改扮成秀才来到了净慈寺。

乾隆随手从地上拾起一块劈开的毛竹片，指着青的一面问诋毁："老师傅，这个叫什么呀？"

按照一般的说法，显然叫"篾青"。诋毁正准备答话，蓦然，从乾隆的言谈举止中意识到了什么，脑子里马上闪出："篾青"的谐音不就是"灭清"吗？于是，眼珠一转，答道："这叫'竹皮'。"

乾隆原以为诋毁会答"篾青"，便以对清朝政府不满的罪名，立即处罚他，不料被诋毁巧妙地绕过去了。乾隆不甘心就此罢休，随即将竹片调翻过来，指着白的一面问诋毁："老师傅，这个又叫什么呢！""这个嘛，"诋毁心里想，"篾黄"与"灭皇"同音，若回答"篾黄"，则正中乾隆的计策，于是诋毁答道，"我们管它叫'竹肉'。"

乾隆皇帝的这一招又以失败而告终了，心中不快却又不好发作，而机智的诋毁和尚则接连躲过了杀身之祸。

孩子一定要机警、灵敏，有随时可以应对一切突发事件的应变能力，包括超前应变能力和临场应变能力，能够根据不同的场合，调节具体的策略和措施。在沟通过程中如果出现了冷场、尴尬局面，或谈话触及他人隐私、隐痛的时候，就不要再继续谈下去了，要立即转换话题。对于那些有意要伤害自己的人，则一定要见机行事，不能落入对方的圈套。

我们所说的应变思维是指能从客观实际出发，根据时间、地点、人物、事件的变化，通过正确的判断、科学的分析，及时巧妙地处置各种复杂变化的情况的思维方法。从思维能力角度看，应变思维属于思维的爆发力，是思维运动中的一种喷薄状态。用通俗的话说就是："灵机一动，计上心来。"

应变思维是会沟通必须具备的素质之一，主要是指能根据情况的变化采取适当的应对行为。应变性在沟通中具有十分重要的意义，因为一切沟通的进行，不一定完全按照事先预定的步骤发展，必然隐藏着一些不可预知的东西，沟通者如果冷静机智，应对得当，便会使沟通过程更加生动，从而优化传播效果。

在各种沟通场合中，出乎意料的事情随时都可能发生。对沟通者语言的组织和运用能力也有更高的要求，具备较高沟通水平不仅需要"被迫应变"，利用敏捷的反应和机智的处理化险为夷，转危为安，更应该"伺机求变"，面对偶遇的外界刺激，积极回应，提高思维效率，沟通潜在知识信息和潜意识，生产出常规思维所不能创造的高质量的精神产品。

拥有良好的应变思维能力可以将往来应酬处理得如行云流水，滴水不漏；可以积极回应偶遇的外界刺激；可以机智地处理不可预料的突发场面。总之，如果没有灵活的应变技巧，面对一些突如其来的事情时，可能就会陷入一种很尴尬的地步。

孩子如果具备良好的应变思维，沟通时冷静机智，应对得当，便会使沟通过程更加自然。然而，良好的应变思维能力并不是生而能之的，而是要经过艰苦的积累和训练，它需要知识和经验的积累作为依靠。知识是思维的原料，知识和经验是思维的最初动力、基本手段和最后结果。高超的沟通水平来自于日常的积累。同时，要想使积累的经验和知识具有流畅、变通和创造的特性，不仅要注意知识和经验数量上的积累，更要注重提升它们的质量，以期发挥它们最大的效用和价值。

应变思维的产生是信息瞬间对撞的结果，而只有抓住不同信息间的联系才能使这种对撞有可能发生。寻找联系的途径就是发现新思路的过程，也是保持积极的思维状态的过程。思路的打开和逐渐丰富，必然建立更多的不同信息对撞的通道，时常保持积极的思维状态才可能发生质的飞跃，突破思维的瓶颈。

1. 借题发挥，巧转话题

借题发挥，转换话题，是指根据沟通时的情景或者是身边的事物等作为话题去转变，但必须要做到"巧"，才能使得对方无言以对，心服口服。

在社交场合中，经常会出现一些出其不意的事情，如果孩子没有这方面的应急技巧，就很可能陷入一种很尴尬的地步。

曹可凡是上海东方卫视的著名综艺节目主持人，素以睿智幽默闻名。在一次上海国际电视节群英音乐会上，当应邀演出的法国著名歌星多罗黛正款款地走向舞台中央时，音响设备却不知何故"哐"地轰天一响，场上的场面顿时十分尴尬。在法国主持过少儿节目的多罗黛小姐以其特有的幽默举起双手作了个打枪的手势，担任现场主持的曹可凡灵机一动，当即发挥道："多罗黛小姐，刚才是上海观众对您的到来表示欢迎，鸣礼炮一响。"话音刚落，全场观众一片掌声，一场尴尬轻松化解。

2. 以假乱真，虚实参半

以假乱真，虚实参半技巧，是指在沟通时，为了达到一定的目的，可以以假乱真，运用真真假假、虚虚实实的策略，巧妙地转换话题。

明初时期，有一个知府姓曹，自称是曹操的后代。一天，他去看戏，正逢演《捉放曹》一戏。扮演曹操的赵生把曹操奸诈阴险的嘴脸表演得惟妙惟肖，曹知府见自己的祖宗被辱，不觉大怒，当即派差役传赵生治罪。

差役欲带走赵生，赵生不明白原因，差役就把原因告诉了他。赵生便随差役走进曹府。曹知府见赵生昂然而来，顿时大怒，拍案喝道：

"尔等小民，见本知府怎不下跪？"

赵生瞪眼回答道："大胆府官，既知曹丞相前来，怎不降驾而迎？"

曹知府气得脸色铁青："你，你，谁认你是曹丞相？你是唱戏假扮的！"

赵生冷笑一声说道："大人既然知道我是假扮者，又为何当真，欲将我治罪呢？"

曹知府闻言，自知无理，只好放了赵生。

赵生就是运用了以假乱真的技巧，把曹知府的荒谬、无理取闹如法炮制，运用真真假假、虚虚实实的策略，使对方的谬论不攻自破，巧妙地转换了话题。

3. 巧变角度，妙转话题

巧变角度是指运用人们对同一事物的认识和体验的不同，把对方的话从多方面加以理解，从对自己有利的角度考虑来进行阐述，进而达到转换话题的目的。

约翰·洛克菲勒是世界著名的大富翁，可他在日常开支方面却很节俭。一天，他到纽约一家旅馆去投宿，要求住一间最便宜的房间，旅馆经理不解地问道："先生，您为何要住便宜的小房间呢？您儿子住宿的时候，总是挑最豪华的房间呀！"

约翰·洛克菲勒答道："不错，我儿子有一个百万富翁的父亲，可我没有啊！"

这个例子中，约翰·洛克菲勒就是运用了转换角度的方法，将自己有钱的问题巧妙地改换成父亲是否有钱的问题，从而转换了谈话的方向，使自己顺利地摆脱了窘境。

4. 将错就错，找回面子

人在许多时候应多为自己打算。有些人并不会体谅他人的处境，某些人更是见到他人陷于尴尬局面便乐不可支。所以，打圆场不但要替人解围，更得要为自己找台阶，脱离窘境。自找台阶之术，不可不修。

在现实生活中，常常会有因说错话而陷入尴尬困境的情况，这或多或少会给人际交往带来负面的影响，因而错话说出以后如何进行补救就显得尤为重要了。为了使错误能够及时得以补救，创造良好的人际关系和心境，最要紧的是需要掌握必要的纠错方法。

曾经有一个新毕业的大学生去某合资公司求职，一位负责接待的先生递过来名片。大学生神情紧张，匆匆一瞥，脱口说道："滕野先生，您身为日本人，抛家别舍，来华创业，令人佩服。"那人微微一笑道："我姓滕，名野，地道的中国人。"大学生闻言后面红耳赤，无地自容。片刻后，他振作精神，诚恳地说道："对不起，您的名字使我想起了鲁迅先生的日本老师——藤野先生。他教给鲁迅许多为人治学的道理，让鲁迅受益终身。希望滕先生日后也能时常指教我。"滕先生听后点头微笑，最终录用了他。

5. 急中生智，柔中带刚

两位外科医生碰到了一个棘手的病症，一位训练有素的护士在休息时间向他们提出了一项高明的治疗方案，她说："为什么你们不试试这个方案呢？"但一个外科医生马上打断了她："因为我还记得你上星期填错了一个病人的病历卡。"这名护士羞得满脸通红，无以对答。

在我们生活中，总有那么一些人，他们喜欢在公共场合，有恃无恐地出他人的丑，或是公开他人的隐私，或是阔谈他人干过的傻事和闹出的笑话。如果这时对方生了气，他就会说："这只是开开玩笑，你太神经过敏，太开不起玩笑了。"

爱德华•格罗斯是华盛顿大学的社会学家，对人们处于尴尬境地时的各种表现研究了 20 年。他指出："人们在公开场合被羞辱，通常并不认为是玩笑，或者是微不足道的小事。当人的感情受到伤害时，我们中的大多数人会十分愤怒，表现得张口结舌或者满脸羞红。但是我们可以有另一种比较聪明的解决办法，保持沉默，或者设法改变你的处境。"

佛罗里达大学的心理学家巴里•舒兰克说："完全没有必要去追究一个人的所作所为是否别有用心。相当可能的情况是他或她压根没有意识到你会受到伤害。当你向他指出失礼的言行后，这位呆头呆脑的冒犯者通常会向你致歉。"

不管怎么做，避免动怒，千万别发火，如果失去了泰然自若的态度，就只能使对方占上风，使别人对孩子产生不满情绪。

相当多的时候，最好的办法是靠急中生智和幽默感。

一位作家刚完成一本书，正沉浸在人们的赞美声中，另一个作家对他有些忌妒，不顾别人们的劝说跑去对这位作家说："我喜欢你的这本书，是谁替你写的？""我很高兴你喜欢，"作家回敬道，"是谁替你读的？"

所以，急中生智，既柔中带刚，又不失风度，这往往是最好不过的回击办法。

总之，谁都有可能碰上难下台阶的情境，但只要能多想办法，给自己找一个台阶下也并不是太困难的事。要给自己找个合适的台阶下，以上五种方法有一个共同点，那就是：都要在窘境中及时地调整思路，选择一个巧妙的角度，改变眼前的被动局面，想方设法争取主动。这样就能比较自然地在窘境中给自己找到一个可下的台阶。

极简思维让孩子的语言简洁明了

聚敛性思维是一种以目标思维为指向的系统性聚变创新思维，它是在大量发散思维收集材料的基础上，通过分析、比较、判断，来选择最有价值的设想，在目标思维引导下，在达成整体目标的基础上，实现决策目标的高效聚变创新思维，好比一个人面临四通八达的交叉路口，要设法找到一条通向目的地的最佳路线一样。在实践中运用这种思维方式往往能收到事半功倍、一箭双雕，甚至一举多得的奇效。

一般人在演讲时，常常喜欢用长篇大论，这是很常用也是很容易见效的演讲方式；也还有一部分人，充分发挥聚敛思维沟通力，把自己的意思浓缩成简短的几句话甚至是一句话，恰如其分地表达出其关键的意思，这种演讲方式往往令人拍案叫绝，印象深刻。

因此我们说，语言在精而不在多，不会沟通的人可能就是喋喋不休的人。沟通者要做到运用聚敛思维把话讲得简洁平易，质朴自然。孩子要想真正地把自己的话说得高效，就必须让自己的语言简练，能很快让对方明白孩子所说的意思。也就是说，沟通时，要充分发挥孩子的聚敛思维，做到语言简洁精练，质朴自然，富于美感。

首先，在沟通之前，一定要明确就什么问题而说，为了解决什么问题而说，然后要明白解决这一问题有什么要求等。

其次，在确定了主题后，就要围绕主题选材，与主题无关的词汇、语句，即使再优美、再精彩，也要坚决舍弃，一些常识性或即时性的意思大家都懂，就没必要在沟通中重复。如果讲一些似是而非、可有可无和漫无边际、人家已讲了若干遍的陈言套话，除了令人生厌外，还会窒息人们的思想，与时代主题格格不入，对沟通效果也是极为不利。

沟通简明扼要不仅可以节省时间，还会使沟通方感觉到孩子的自信心。当孩子使用很多不必要的词语时，听起来就像想掩饰什么，或者对自己说的话没有把握。

那么，我们应该如何运用聚敛思维锤炼我们的语言呢？

1. 长话短说，言简意赅

所谓长话短说，即是以简驭繁。老舍先生说："简练就是话说得少，而意思包含得多。"话少而意思也少就算不得简洁。

在中外各国历史上，许多伟人的谈话，每一句都是话语如金、言简意赅的。

1863 年 7 月 1 日，美国南北战争中的一场决定性战役，在华盛顿的葛底斯堡打响了。经过三天激烈的战斗，北方部队大获全胜。

战后，宾夕法尼亚等几个州决定合资在葛底斯堡建立国家烈士公墓，公葬在此牺牲的将士们。1863 年 11 月 19 日，公墓举行落成典礼，美国总统林肯应邀到会演讲。这对林肯总统来说，有很大难度，因为这次仪式的主持人是当时在美国被公认为最有演讲能力的著名教授埃弗雷特，此人尤其擅长的就是纪念仪式的演讲。而林肯只是出于总统的身份，才被邀请"随便讲几句话"的。

在这次典礼上，埃弗雷德教授那长达两个小时的演讲可谓精彩绝伦。在这种情况下，林肯总统该如何演讲才能和听众建立起良好的交流关系，并赢得他们的认可呢？林肯总统决定以简洁取胜，结果林肯总统大获成功。尽管他的演讲只有10句话，从上台到下台不过两分钟，可掌声却持续了10分钟。林肯总统的演讲不仅赢得了在场的一万多名听众的热烈欢迎，而且轰动了全国。当时的报纸评论说："这篇短小精悍的演说是无价之宝，情感深厚，中心突出，措辞精炼，字字句句都很朴实、优雅，完全出乎人们的意料。"

埃弗雷德教授本人也在第二天就给林肯写信道："我用了两个小时总算接触到您所阐明的那个中心思想，而您仅用了两分钟就说得明明白白。"

后来，林肯总统这次出色的演讲手稿被收藏在图书馆，演讲词被铸成金文，存入牛津大学，作为演讲词的最高典范。

林肯总统这次演说获得了巨大的成功。它给予了我们一个启示：简洁精炼的语言会使沟通人更具有魅力。

如果说写文章可以"有话则长，无话则短"，那么，在生活节奏日趋加快的今天，沟通则应提倡"有话则短，无话则免"。

2. 组织恰当，条理清晰

要做到说出的话意思集中、富有条理，在沟通前就要开动大脑的聚敛思维为自己的话排列出一个顺序，让孩子的思想简化为能让人理解的形式，如年表式的、因果关系式的、一般和个别的、依次排列的等等。谈话时要注意前后联系，过渡转折要顺理成章，不要牵强。

"我既然是个医生，就一定什么病都会治，可是我什么都不会，我从前懂得的，现在全忘了，一点也不记得了。上星期，在俱乐部，大家谈话时谈到莎士比亚、伏尔泰，他们的著作我什么也没有读过，可是我却装出了读过的神气，于是我就想起星期三治死的那个女人来，于是我就跑出去，就喝起酒……"

这是俄国作家契诃夫的话剧《三姐妹》中一位叫作契布蒂金的医生说的话。他是想诉说自己过着多么无聊的生活，处境多么糟糕，可是由于契布蒂金是一个百无聊赖、精神颓废的人，什么事情都对他无所谓。结果他说了一大堆杂七杂八的事情，让人听起来漫无边际，听者也毫无反应，整段话说下来让人不知道他想说什么，这就是明显的沟通思路不集中、条理不清楚。

在黎巴嫩作家纪伯伦的作品《泪与笑：梦幻》中有这样一段话：

第一个影子说："生活没有爱情，就像一株没有花朵的树，爱情没有美，好似没有芳香的花、没有种子的果……生活、爱情和美，是绝对独立的，又是无法分离的三位一体。"

第二个影子说："生活没有反叛，好似四季缺了春天，反叛而无真理，则像春天降临在干旱的沙漠里……生活、反叛和真理，这就是不可分离的三位一体。"

第三个影子说："生活没有自由，就像躯体没有灵魂，自由没有思想，则似飘零的游魂……生活、自由和思想是不可分离的三位一体。"

三个影子一起说："爱情及其结晶，反叛及其成果，自由及其产物，这是主显示的现象，而主则是理智世界的良知。"

纪伯伦在这一段话里想要论证"三位一体"的神圣性，他通过三次三位一体的论证来推出主的神圣，条理清晰，因果关系紧凑。三个影子的话处于一种平行结构，三个影子的合声又将他们的观点串起来，进入升华的阶段。这篇文章不失为一篇精彩的、富有集中性的聚敛思维的沟通力范例。

3. 凝字炼句，打动听众

浩如烟海的俗语中，有一些是人们极其常用，又对人际交往起着极其重要作用的短语，若能在适当场合适当地使用，会给我们带来意想不到的良好效果。这些短语简洁明了，通俗易懂，充分体现了聚敛思维在语言上的运用形式。在人们交往过程中，如能经常使用这几句用语，就可以避免许多不必要的误会和摩擦。它们也是人际关系和谐的润滑剂。

我国著名学者马寅初先生，在担任北京大学校长期间，有一次，他参加中文系老师郭良夫的结婚典礼，贺喜人群发现马校长也来了，情绪顿时高涨了起来，并鼓掌欢迎他即席致辞。马校长并没有打算要沟通，只是置身于喜庆环境里又不能有负众意，于是他灵机一动，说道：

"我想请新娘放心，因为从新郎的大名就能看出，他一定是一位好丈夫。"刚刚听到这句话大家都很莫名其妙，可是一联系新郎的名字，大家才恍然大悟：良夫，不就是好丈夫的意思吗？于是在场的人都开怀地畅笑起来。

马寅初先生用新郎的大名适当地联想，把自己对教师的良好祝愿、希望郭老师人如其名做个好丈夫和自己的风趣幽默，用一句话全都表达了出来，可谓是最充分地表现出了马寅初先生的优秀的聚敛沟通力。

莎士比亚有句名言："简洁是智慧的灵魂。"这些名人的幽默与智慧，一直被人们传为佳话。他们或用简洁的语句，营造出了和谐轻松的气氛；或用短短的演讲，表现出坚定的语气，从而展现了他们高强的聚敛思维沟通力能力。

逻辑思维让孩子拥有辩论能力

一个地主买了一块肉，让长工拿着。长工没有留神，肉被野狗叼跑了。

地主生气地大骂长工，让长工把肉追回来，可那几条野狗早已经不见踪影了，长工无奈地说："东家，我们长工一年到头吃不上一回肉，你就一次没吃上，这有什么要紧的呢？"

地主怒气冲冲地说："你们吃不着肉，是因为你们没有那个福气。"

长工听了，不慌不忙地笑着说："这么说，刚才那几条野狗同你一样有福气啦？"

逻辑思维又叫作抽象思维，是一种基于抽象概念的思维形式，通过符号信息处理进行思维，是指运用概念、判断、推理的逻辑形式进行活动的思维方式。

只有语言的出现，逻辑思维才成为可能，语言和思维互相促进，互相推动。那么，深邃的思想在沟通中产生的逻辑力量究竟有多大呢？这是很难用数字来计算的。

斯大林在评价列宁演讲时曾这样生动地比喻："使我佩服的是列宁演说

中那种不可战胜的逻辑力量，这种逻辑力量虽然有些枯燥，但是紧紧地抓住听众，一步一步地感动听众，然后就把听众俘虏得一个不剩。我记得当时有很多代表说：'列宁演说的逻辑好像万能的触角，从各方面把你钳住，使你无法脱身；你不是投降，就是失败。'"

在沟通时，逻辑思维起着十分重要的作用，它使思维显得严谨、有条理，使结论令人信服。有时也通过歪曲的论题、论据和论证方法达到论辩的目的，我们称这种逻辑思维方式为诡辩。古人云："诡中有巧，巧中有诡。"诡辩是指违背正常的逻辑思维，似是而非的辩论方法。它常常和不正确的立场、观点相联系。

提高孩子的逻辑思维能力，让孩子的大脑动起来，快速、灵活地运转他的逻辑思维，可以让孩子沟通不再感觉无从开口；使孩子的沟通逻辑具有严密性、条理性；通过逻辑分析的方式破斥别人的诡辩，把自己的思想明明白白地表露出来。

诡辩是现实生活中人人都会碰到的事情，如何认识诡辩手法、掌握破斥诡辩的方法，是现代人特别是孩子实现有效沟通的必备技能。正常有效的沟通必须符合逻辑思维的规则和规律，也必须符合沟通交际的伦理规范。运用逻辑思维破斥对方诡辩的方法主要有以下几种：

1. 巧设圈套，请君入瓮

巧设圈套，请君入瓮是根据对方提出的论点所形成的态势，借题发挥，以表达自己的看法和观点，并给予对方反驳，使之转势为被动。这种方法表面上是顺应对方的话题，而实际上则是言在此而意在彼，最终使对方陷入圈套而无法争辩。

齐景公喜欢射猎，派烛邹掌管射猎用的鹰。由于不慎，鹰跑掉了。景公大怒，下令杀掉烛邹，晏子说："烛邹的罪过有三条，我请求列出他的罪过再杀掉他。"景公说:"可以。"于是,召来烛邹并在景公面前列出这些罪过。晏子说:"烛邹,你为国君掌管鸟而将鸟丢失了,是第一条罪;使我们的国君因为丢鸟的事情而杀人,是第二条罪;使诸侯们知道了这件事,以为我们的国君重视鸟而轻视人,是第三条罪。"把烛邹的罪状数列完了,晏子请示景公要杀了烛邹。景公说:"不要杀了,我明白你的指教了。"

在这里晏子运用的就是请君入瓮的方法,在我们使用这个方法的时候,必须要注意几点问题:

(1)要设好圈套

在设圈套的时候,要先揣摩对方的心理状态,然后以进攻者的姿态发问,或假设其事,或虚言夸张,设好"口袋",诱使对方上钩,为后面做好准备。

(2)巧妙的引诱

在引诱的时候,可以采用障眼法,巧布疑阵,不露痕迹,以免被对方识破而功亏一篑。当对方不轻易上钩时,便辅之以激将法,来尽快诱使对方进入你的圈套,这是"请君入瓮"的关键所在。

(3)反击要有力

一旦对方已经进入"口袋",就应不失时机地扎紧口袋,迅速出击,瓮中捉鳖,不给对方以回旋的余地。

2. 以迂为直,避开二难

以迂为直,避开二难,即避开对方二难推理顶来的两个犄角,重新构造一个与对方结构相同的二难推理,却推出与对方相反的结论,从而把对方顶过来的犄角再顶回去。

据《前汉演义》记载,当项羽击败汉兵,逼近广式,与刘邦夹涧而屯兵之后,为了逼迫刘邦与他决战,便采用了一个激将的办法:

他将刘邦的父亲太公置于俎上，推至涧旁，厉声大呼道："汝若不肯出降，我便烹食汝父。"面对此情景，刘邦陷于"二难"境地，如果出战，则会全军覆没；如果不出战，则父亲就要丧命。总之，或者出战，或者不出战，或者全军覆没，或者父亲丧命。这时，张良献上了一计，叫刘邦也对着项羽喊话说："我与汝同事义帝，约为兄弟，我翁就是汝翁。必欲烹汝翁，请分我一杯羹。"项羽听了此言，怒不可遏，但因叔父项伯有言，激将之计终于未能得逞。

在这里，刘邦就是运用了以迂为直法，与自己的"二难"相联系，找出对方的"二难"所在（杀：不义；不杀：对方不肯投降），重新构成某种关系，把自己从"二难"中解脱出来，逼迫对方无法施展计策。

3. 将错就错，以谬制谬

运用逻辑思维，破斥诡辩的过程中，最常用的方法就是将错就错，以谬制谬。先承认被反驳的诡辩论题为真，然后据此必然推出荒谬的结果或对方不能接受的结论，从而在不知不觉中将对方引到自己否定自己的尴尬境地上来，最后有苦难言，丧失了反驳的余地。

有位教书先生在课堂上呼呼大睡，醒来后，不好意思对学生诚实以告自己睡着了，便对学生们撒谎说刚才他在梦中见到了周公。谁知第二天，有个学生学他的样子也在课堂上睡觉，这位先生觉得他在藐视课堂，非常生气，就用戒尺把他敲醒，然后问道："你怎么大白天在课堂上睡觉？"学生回答说："我也在梦中见到周公了。"先生问："周公对你说什么了？"学生搔搔了头认真地说："周公对我说，昨天他没有见到你。"这位先生自知理亏，没再追究。从这以后，这位教书先生再也没在课堂上打过瞌睡了。

4. 以子之矛，攻子之盾

这种方法能借助对方的进攻力量回击对方，对方的进攻力量越大，反击的力量也就越大，往往能使对手猝不及防、自取其辱。

一个小男孩在面包店里买了一个面包，发现面包比平时小得多，于是对老板说道："这个面包怎么这么小啊？"

"哦，这样你拿起来就方便了。"显然，老板是在诡辩。

小男孩也没有再争辩，留下一点钱就要离开，老板赶紧大声喝住他："嗨！你面包没给足钱啊！"

"哦！不要紧，"小孩说，"这样，你收起钱来就方便了。"

这种针锋相对地反驳可谓妙不可言。

形象思维让孩子更有想象力

韩信在投奔刘邦之后，并没有得到刘邦的信任，因此，韩信愤然离去，于是有了"萧何月下追韩信"的故事。韩信被追回来之后，刘邦还是心存疑虑，就想试探一下韩信的智谋。他拿出一块五寸见方的布帛，对韩信说："给你一天的时间，你在这上面能画多少兵，我就让你带多少兵！"站在一旁的萧何见此情景，急得暗暗叫苦。可是，韩信却一反常态，毫不迟疑地接过布就离开了。次日，韩信就把画好的布帛交给了刘邦。布帛上无一兵一卒，只是画了一座城楼，有一匹战马刚从城门口露出头来，还有一面帅旗斜出城门。刘邦看后，大吃一惊，他从这幅画里似乎看到城楼后面的千军万马。韩信通过这一幅富有想象性的画，赢得了刘邦的赏识。韩信这才得以挂帅出征，为大汉江山基业的创建立下了汗马功劳。

形象思维，顾名思义就是借助形象来思考的一种思维形式。即思维主体以事物的典型形象揭示事物的本质和规律的认识方法，即运用形象作为思维形式的思维活动。形象思维是人类与生俱来的思维方式，人们对客观事物的认识都是从感知开始的。

形象思维会为语言插上想象的翅膀，拥有丰富的形象思维，语言将会极大地丰富，让人听来兴味盎然，丰富生动。言谈中融入形象思维，就能够最大限度地感染听众，使自己的言谈给人留下深刻的印象。

1.形象思维，让你的语言更有震撼力

在整个形象思维过程中，自始至终都离不开生动感人的具体形象。所以，形象性是形象思维的基本特征。画家心中要有视觉形象，才能描绘出令人赏心悦目的图画；音乐家心中要有听觉形象，才能创作出感人悦耳的乐章。离开了形象，形象思维就成了无源之水，无本之木。

在语言表达方面，形象性是指沟通人在思维过程中离不开形象，是用形象进行思维加工的；在思维活动的对象上，也是用形象材料进行加工的。

美国争取黑人自由平等的不倦战士弗·道格拉斯的演说词《论奴隶制度》这样写道：

"在这种时刻，需要的是灼热的烙铁，而不是令人信服的论据。啊，假如我有那种能力，假如我能向这个国家进一言的话，今天我将要倾泻出急如湍流的辛辣嘲笑、无情指责，令人无地自容的讽刺和严厉的斥责。因为现在需要的不是光而是水，不是柔和的阵雨而是雷电。我们需要暴风骤雨和地动山摇！……"

这段话的气势如排山倒海，雄浑壮阔，而它是通过一系列具体的形象，如"烙铁""湍流""光""水""阵雨""雷电""暴风骤雨""地动山摇"等，把抽象的事物具体化，把深奥的道理浅显化，形象地表达出沟通者的思想感情，达到启发、影响听众的目的。

2.形象思维，让你的语言更富感染力

形象思维还有另一个比较明显的特征，这就是情感性。只有通过想象，

才能在原有形象的基础上创造出新的形象。

　　文学艺术家在创造典型形象的过程中，往往把自己的强烈感情渗透在里面。唐代大诗人李白在他的《静夜思》一诗中写道：

床前明月光，疑是地上霜。

举头望明月，低头思故乡。

　　在这月夜思乡的意境中，诗人即景抒情，情寓景中，使月夜之形与思乡之情有机地融合在一起。

　　文坛泰斗巴金先生也曾回忆道：

　　"我在写《家》的时候，我仿佛在跟一些人一同受苦，一同在魔爪下面挣扎。我陪着那些可爱的年轻生命欢笑，我陪着他们哀哭。我一个字一个字地写下去，我好像在挖开我的记忆的坟墓，我又看见了过去使我的心灵激动的一切。"

　　由此可见，形象思维与情感是分不开的。

　　唐代著名诗人王维作过一首五言绝句《鹿柴》：

空山不见人，但闻人语响。

返景入深林，复照青苔上。

　　作者把空山、深林、日光、青苔这些形象，动用创造性的形象思维进行艺术加工，创造出了"空谷足音"的幽静境界。诗人用这首优美的诗作抒发了自己恬淡闲适的情愫，让人读了以后得到艺术美的享受。

3. 形象思维，让你的语言更具幽默性

言谈中，抽象思维起着十分重要的作用，但也有其局限性，容易使沟通的语言变得枯燥、抽象，如果没有形象思维紧密配合，谈话的气氛就会显得过于凝重，太理性化，缺乏活力和幽默感。

古往今来，幽默的思维最重要的一点就是突破常规的想象和联想，如：东施效颦、郑人买履、买椟还珠、画蛇添足、掩耳盗铃等等，这些寓言故事都是运用了形象思维的表现形式——想象和联想，来给故事增添生动和幽默的。

从前有一个财主，骑着一匹高头大马，到野外游玩，在回来的路上迷失了方向，他左看看，右瞧瞧，突然看见前方有一个农妇在田里干活，便骑马走到农妇跟前，大声问道：

"老太婆，你知道往李家庄的路怎么走吗？"

农妇见财主不仅不下马，而且沟通还十分无礼，就说道："对不起，老爷，我没有时间和你沟通，因为我们家的马刚刚'哞哞'地叫，生下了一头小牛，我得赶着回家去看看。"

财主一听，哈哈大笑，说道："笑话，真是笑话，马怎么会生下牛，而且还'哞哞'地叫？"

"老爷，我也不明白，这畜生怎么不下马，而且还'哞哞'地叫？"农妇说道。

从这则故事中，我们足以见到这位农妇的聪明才智和丰富的联想、想象的能力。农妇的话表面上看是在说马下牛的事，实际上是采用了"声东击西"的手法，笑骂财主的无礼，财主乍一听没有察觉，可细细回味才发觉吃了哑巴亏，但有气也只能往肚子里面咽了。

在有些场合，运用巧妙的形象思维，既能把相同的意思用不同的语言来表达出来，言此而意彼，从而收到更好的效果，更体现了这种幽默技巧里饱含着的沟通者的智慧和较强的联想能力。

总之，只要孩子反应敏捷、善于想象和联想，勇于打破常规，幽默的基础就牢牢地打下了。所以说，形象思维会使语言更具幽默性。

类比思维让孩子更会表达

在一次战役中，德军向法军的一个阵地发动了猛烈的进攻，战斗进行得十分惨烈，双方死伤无数，法军阵地更是损失惨重，一位法军炊事兵急中生智，把一口大铁锅罩在头上。战斗结束后，阵地上只有他一个人活了下来。后来，一位法国军官从中受到启发，发明了军用钢盔。

这位聪明的法国军官正是采用了类比的思维方式。虽然，这项发明比起火箭、大炮、航空母舰算不了什么，但正是这样一个小小的思维碰撞，却成为世界军事史上的一个创举。

类比思维是一种跨越多种思维的综合性思维方式，又称取象比类、援物比类。通过对某一事物的客观存在的规律的认识，引发出对另一事物所存在的客观规律的认识的思维方法，其实质也就是人们所谓的灵感、悟性。这种认识方法虽然具备某种或然性、不确定性，却往往是对另一事物进行突破性认识的。

类比是以比较为基础的。人们为了变未知为已知，往往借助于类比方法，把陌生的对象和熟悉的对象相比较，把未知的东西和已知的东西相比较，进而找出它们之间的相同点或相似点，然后以此为依据，把其中某一对象的有关知识推移到另一对象中去，产生新的理论或知识。这种类比的方法，在科学研究中具有启发思路、提供线索、举一反三、触类旁通的作用。

类似这样的故事可谓不胜枚举，类比思维不仅是人类发明的重要思维基础，而且也是人们日常生活中的重要思维基础。人们借助于类比推理了解了自己所处的世界，认识到了许多事物具有的共同的特点。

在沟通力运用当中，时常需要利用类比思维在事物与属性、抽象与具象、感性与理性之间穿梭，将两个或两类事物放在对比中来进行思维和表达。

类比是出于我们缜密的推理，时而源自于灵动的感悟，时而表现为步步为营的说理论述，时而转化成诙谐幽默的妙语连珠。通过类比可以让对方的思维随着孩子的语言运动，在潜移默化、润物无声中接收、理解那些本来并不熟悉甚至并不感兴趣的信息。

在沟通过程中，我们完全可以把丰富的类比关系内隐于一个众所周知的概念、事物当中，直接外化于我们的语言，这对于活跃我们的类比思维，丰富我们的语言表达具有重要的作用。其方法主要有以下几种：

1. 借事类喻，巧妙表达

在沟通过程中，孩子的类比思维有时不必那么具象，完全可以把丰富的类比关系内隐于一个抽象的概念当中。但是这个抽象概念必须是众所周知的，因为听众没法通过一个他们不熟悉的事物去理解另一个不熟悉的事物。如我们前面所提到的，把这些事物的属性内隐于一个众所周知的概念、事物当中，直接外化于我们的语言，这就产生了一些奇妙的语言技巧——比喻。比喻方法对于活跃孩子的类比思维，丰富语言表达具有重要的作用。

庄子有一天正在涡水垂钓，楚王派了两位大夫前来邀他做宰相。见到庄子后，他们对庄子说："我们大王久闻先生大名，想请先生同他分担国事，希望先生能够出山，上为君王分忧，下为黎民谋福。"

庄子淡然地说道："我听说楚国有一只神龟，被杀死时已经有三千岁了。楚王把它珍藏在竹箱里面，盖上锦缎，供奉在庙堂之上。请问两位大夫，此龟是宁愿死后留骨而贵，还是宁愿生时在泥水中曳尾而行呢？"

两位大夫说："当然是愿活着在泥水中曳尾而行啦。"

庄子说："那么，两位请回吧！我也一样愿在泥水中曳尾而行。"

庄子的类比通俗易懂，而且思想深刻，可以从中领略到比喻的巧妙之处。

一次，作家刘绍棠到某大学讲演时，有位女同学递上一张纸条，上面写道："既然文学要真实地反映社会生活，那您为什么总唱赞歌，不唱悲歌呢？难道社会没有阴暗面吗？"

看到这一尖锐问题，刘绍棠想了一下，便问那位女生："你喜欢照相吗？"

见女生点头，刘绍棠反问道："你脸上有光滑漂亮的时候，也有长疮疤的时候，那你为什么不在脸上生疮疤的时候去照相呢？"

刘绍棠的这一反问，把自己的观点就寓于类比之中了，他把文学作品的表达与年轻人的照相巧作类比，让人听后豁然开朗，印象深刻。

在类比过程中，我们需要注意的是：我们在日常生活中说甲类似于乙或者什么像什么，这两者都具有明显的指向性，或者称之为非对称性。也就是说把一个生疏的东西通过找出关联事物之间的映射匹配，指向听众熟悉的事物。

2. 委婉含蓄，迂回表达

委婉含蓄，是一种巧妙运用类比思维的艺术表达方式。在沟通当中，我们很想表达一种内心的强烈愿望，但又觉得难以启齿时，不妨借助于类比思维委婉含蓄地表达出来。委婉含蓄是一种情趣，是一种修养，是一种韵味。巧妙运用委婉含蓄，好像什么都没有说，但实际上什么都说了。

委婉是运用类比思维迂回曲折来表达本意的方法，沟通者故意说一些与本意相关或相似的话，以烘托本来要直说的意思。这种说法往往能够避免尴尬，达到意想不到的沟通效果。

周恩来总理的外交语言是出了名的委婉、含蓄而又有智慧的。他过人的机敏是无人可及的，真不愧有"一代外交大师"的称号。

有一次，一个美国记者问周恩来总理："为什么你们中国人走路总是低着头，垂头丧气？哪里像我们美国人走路都是昂首挺胸的！"

周恩来总理回答道："因为你们美国人走的是下坡路，而我们中国人正在走上坡路，所以要低着头走路。"

3. 巧用谐音，效果新奇

谐音其实是指类比思维中的字面相似性中的一种。字面相似性，既不是事物属性之间的类比，也不是事物关系之间的类比。它完全是基于对词语中的相同语素进行运用的一些修辞手段和措辞技巧。它主要包括仿词、双关语、拈连等。这里所说的谐音是指谐音双关。

乾隆年间，纪晓岚与和珅同朝为官，纪晓岚任侍郎，和珅任尚书。

有一次，两人在一起喝酒，和珅指着一只狗问："是狼是狗？"

纪晓岚一听，就机敏地意识到和珅是在辱骂自己，于是，他泰然自若地还击道："垂尾是狼，上竖是狗。"

"是狼"与"侍郎"谐音，"上竖"与"尚书"谐音，和珅自以为聪明，运用谐音攻击纪晓岚，没想到纪晓岚却给和珅来了个"以其人之道，还治其人之身"，真是令人拍案叫绝！

4. 类比思维在沟通力应用上的两种视角

（1）求同视角

世界上的万事万物都有共性，只不过有些事物的共性是显而易见的，有些事物的共性需要认真观察与仔细研究才能发现。我们知道，世界上没有两片完全相同的树叶，但也没有两片完全不同的树叶，任何事物或观念之间，都有着或多或少的相同点。思维中如若抓住了这些相同点，便能够把千差万别的事物联系起来思考，从而增加事物的多样性。

（2）求异视角

由于每一个具体事物都具有多方面的属性，因而任何事物之间都不可能完全相同，都有或多或少的差异点。新颖独特的事物往往具有特殊的价值和生命力，那些千篇一律的事物大都难以引起人们的注意，许多成功者都是专门去探索别人不曾走过的路，这才独辟蹊径，卓然不群。所以，求异视角，就是寻找到常常被人忽略的、认为"完全相同""毫无二致"的事物的差异点，从而突显出自身的特点。

有一家黏合剂商店，推出一种新型的强力万能胶。店主想为这种胶做广告，但他明白，如果像其他万能胶的广告一样，只是一味地宣传这种胶粘得如何牢固，是难以引起人们注意的。于是，店主把一枚价值数千元的金币用这种胶粘在门口的墙上，并当众对顾客说："谁能用手把这枚金币扣下来，这枚金币就奉送给他。"这一句话的小小广告引来了许多人尝试和围观，结果这种万能胶真的很畅销。

这位黏合剂商店的老板在这里采用了两种"求异视角"，一是抓住自己产品的特异性，二是抓住广告形式的特异性，因而取得了很大的成功。

将求异视角运用到沟通力艺术中，往往能够收到意想不到的效果。如一些厂家在宣传自己的产品的广告语中，不是一味地吹嘘自己产品的优良品质，而是故意暴露产品的某些"不足"，以给人留下深刻的印象，有力地宣传自己的产品。例如，某一电脑的广告："这部电脑的唯一缺点是不能为您冲咖啡。"某一冰箱的广告："我们的冰箱只有一个不足——那不是烤箱。"人们听后先是感到惊愕，以为是自揭其短，继而是大笑，觉得妙不可言。把握差异性，的确大大激活了语言的丰富性和表现力。

发散思维让孩子学会即兴演讲

沟通者高水平的语言表达，其思维过程的一个鲜明特点就是思维轨迹的多向发展。沟通者所面对的现实情况是复杂多样的。当一种思维不能满足要求时，创新思维活动可以通过注意力的适时转移，灵活分配，发现问题的关键所在，从而真正打开自己的眼界，并在宏观及微观上对事物有更加深刻的理解。这种思维方法称作发散思维。

有人这样说，"创造能力＝知识 × 发散思维能力"。发散思维可以使人思路活跃、思维敏捷、办法多而新颖，能提出大量可供选择的方案、办法和建议，特别能提出一些别出心裁、完全出乎意料的新鲜见解，使存在的问题奇迹般地得到解决。

沟通是即兴的、随身的、灵感的，而发散思维则是沟通的源泉。发散思维的扩张与突破，能将多种学科、多种知识于碰撞中顿悟，于汇总中吸纳。沟通者只有以深厚的文化积淀、对人生的深刻感悟，还有开阔发散的思维和灵活多变的头脑等综合因素作支撑，才能成功地驾驭自己的语言。因此，沟通者不仅需要严谨有序的思维，也需要跳跃的灵感、广泛的视角，只有这样，才能培养出一个开放性的头脑，才能拥有一个包容大千世界的思维空间，从而挥洒自如，雄辩天下。

由于发散思维是一种多向发展的思维形式，因此它能够随机应变，举一反三，触类旁通，所以它可以针对同一个问题，沿着不同的方向去思考。在思考中，它不墨守成规，不拘泥于传统，所以能够使人的思路不受已有知识和经验的束缚，能够摆脱旧有的联系，克服心理定式，跳出"常识"的框架。以前所未有的新视角去观察、分析事物，探求不同的、特异的解决问题的方法，做出新的创见。

发散思维要求打破常规，寻求变化，是对一个问题在思考的过程中从多方面、多角度探索答案的思维形式。我们在各个角度之间跳跃，是为了使我们的思维发散开去，有意识地去揣测、发现多种可能性，让我们的思想丰富和视野开拓起来。有了这样的发散思维，我们说出的话才会丰富生动、富有新意和创造性。

在某些特殊的情况下，如当面对尴尬的场面时、遇到惊慌失措时，甚至是思想观念有差异时，沟通者都要保持清醒敏锐的头脑，立即运用发散思维，调动自己的知识和语言储备，紧扣题旨情境，深化主题，升华格调。

1. 切合情景，烘托主题

云南丽江大地震后，《综艺大观》电视栏目组在昆明制作了一期专题节目。有个环节是向大家介绍震后出生的第一个孩子（震生），他曾经收到南京有位不愿透露姓名的好心人一万元的捐助。原串联台本的设计是："震生，你是丽江地震后最幸福的一个婴儿，你要感谢帮助你的人，感谢有了他们的帮助你才能健康成长。"

彩排时，主持人倪萍看到孩子好奇地张望镜头的样子，她灵机一动，有感而发："来，震生，阿姨抱抱，咱们转过脸来，让坐在电视机前的爷爷、奶奶、叔叔、阿姨、姑姑、舅舅看看，瞧，得到你们捐助的小震生长得多好、多健康！"这时，孩子突然大声地"啊"了一声，全场热烈鼓掌，倪萍高兴地搂紧孩子说："来，给捐助你的亲人们鞠个躬，告诉他们，我会使劲长，将来好报答他们。"孩子似乎听懂了，又神奇地"啊"了一声，现场许多观众都感动得流下了眼泪。

显然，倪萍的即兴发挥要比原来的设计更自然、更亲切，她把第二人称改为第一人称，一下子就拉近了与孩子的关系，没有了"你要感谢"这种略带"说教"显得隔膜的口吻，以孩子及孩子母亲的语气来感谢亲人，再加上孩子神奇的呼应，立时触动了观众的心，通过一个可爱的孩子，歌颂了"一方有难，八方支援"的人间真情。

这个即兴发挥，源于倪萍对主题的把握，更得益于她现场的细致观察和灵敏感受，也和她平日里与老百姓的感情、与生活积累有关，因此，她才能捕捉于细微，即兴于瞬间。

2. 紧扣题旨，借题发挥

当面对尴尬的场面时，要立即运用发散思维，调动自己的知识和语言储备，紧扣题旨情境，深化主题，升华格调。

美国政界要人凯升，首次在众议院发表演说时，打扮得土头土脑。一个议员在他演讲时插嘴说："这位伊利诺伊州来的人，口袋里一定装满了麦子呢！"

这位议员的讽刺挖苦和台下的哄堂大笑并没有使凯升面红耳赤，凯升也没有针锋相对予以回敬，而是顺着对方的话题，很坦率地说："真的，我不仅仅口袋里装满了麦子，而且头发上还藏着许多菜籽呢。我们住在西部的人，多数是土头土脑的。"

他的坦率和真诚赢得了听众的好感，由被动变为主动，于是，他话锋一转，乘势进行借题发挥。他说："不过我们藏的虽是麦子和菜籽，却能长出很好的苗子来！"

语言虽然含蓄，但针对性很强，明确地阐明了自己的观点和长处，演讲获得了很大的成功。

"借题发挥"的沟通力艺术，运用得好，不仅能把被动改变为主动，使窘迫变得自如，还能化消极因素为积极因素，所以能获得很大的成功。

3. 有意岔题，反守为攻

在某些很特殊的情况下，如国情不同、民族文化心理不同、审美情趣不同，甚至思想观念的差异，沟通者遇到的问题不仅仅是出乎意料的，而且是比较棘手、比较敏感的，处理不好，甚至有伤国格，有失立场。因此，沟通者必须保持清醒敏锐的头脑，内紧外松，找准对方的破绽，使对方有意无意的挑衅不攻自破。

上海某电台与美国洛杉矶某电台曾经联办了一档越洋直播节目《上海—洛杉矶友情双通道》，这是一档以音乐、友情为主的综合专题节目。每周一期，双方主持人轮流负责策划，中间双方进行通气，后来洛杉矶的主持人慢慢有些松懈。接近年底的一期节目，轮到对方主持人负责策划，可是对方却迟迟没有与中方主持人通气，中间催过几次都未见回音，到播出当天的例行准备时，对方才说，他们要谈谈当年的"十大新闻"！此时已经来不及与他们理论这档节目该不该上他们说的"十大新闻"，主持人与导播编辑当机立断，请来一位资深的国际新闻记者，准备助阵。节目开播后，那位洛杉矶的主持人自顾自随便聊起了所谓的"新闻"，第一件就是什么华人偷渡的事，中方主持人不等他说完，就插空问道："请问，你评选十大新闻的标准是什么？"

对方主持人说"也没有什么一定的标准，就是两个城市跟华人有关的事。"

中方主持人说："请问，你评选十大新闻的程序是什么？"

对方主持人说："啊，就是找几个朋友一起聊聊。"

中方主持人笑着说："按照新闻行业的惯例，那只能作为私下里的谈资，还是请你听听我们上海的新闻吧！"

于是，那位临时请来的资深的新闻记者热情洋溢地讲述了国内的热点新闻。那位洛杉矶电台主持人也赶快偃旗息鼓，不再自找没趣了，他不自由主地跟着中方主持人的"指挥棒"将节目进行下去。

中方主持人就是以发散思维，采取从不同侧面找到突破口的策略，看准时机，主动出击，岔开话题，举重若轻地扭转了局面，达到了反守为攻的效果。

4. 巧释逆转，自圆其说

沟通时，孩子出现失误是常有的事情，如果出现失误，也不必惊慌，更不可患得患失、强词夺理，而要开动脑筋，调动发散思维，巧释逆转，自圆其说。

如能巧妙地随机应变，对突然出现的变故做一番别出心裁的解释，不失为是挽救危局、变逆势为顺势的一个良策。但巧释逆转的语言技巧不仅需有机敏冷静的头脑，还要有渊博扎实的知识做基础，平日里须多积累，才能"厚积薄发"。

5. 顺水推舟，反败为胜

当对方有意无意的恶作剧或设下"圈套"时，沟通者要能"明察秋毫"，既要宽容大度，不动声色，又要沉着应战，借用对方话题驳斥对方。对方的进攻力量越大，反击的力量也就越大，往往能使对手猝不及防、自取其辱，最终使对方折服。

财主巴依听见乡亲们都夸阿凡提布染得好，心里很不高兴，于是就挟了一匹布前来习难阿凡提。

他对阿凡提说："我要染的颜色普通极了，它不是红的，不是蓝的，不是黑的，又不是白的，不是绿的，也不是青的，我要染成不是任何颜色的颜色，你明白了吗？"

阿凡提一口答应下来："没有问题，我一定照您的意思染就是了。"

巴依非常惊讶："什么，你能染？说话可得算数，我哪天可以来取呢？"

阿凡提说："就到'那一天'来取吧！"

巴依追问："'那一天'是哪一天呢？"

阿凡提说："'那一天'不是星期一，不是星期二，不是星期三和星期四，也不是星期五和星期六，连星期天也不是。尊贵的巴依老爷，你就到'那一天'来取吧！"

巴依听了不禁目瞪口呆。

不是任何具体颜色的颜色，是无法染成的，阿凡提如果说染不成，就会遭到巴依的奚落，如果和这种无理取闹的人讲道理，将会纠缠不休。于是他以其人之道，还治其人之身，要巴依在不是任何具体日期的日期来取布，采用顺水推舟的方法，把巴依出的难题交给巴依自己去解决了。

有时候，孩子要表达自己的思想，达到自己的目的，需要抓住对方的话茬儿，让对方向着有利于自己的方向发展。这种方法也是顺水推舟、借敌胜敌的技巧，借用他人之力，为自己所用，引诱对方深入，将其引向荒谬的极端，把对方逼到一个自相矛盾的角落里去，从而达到预期的目的。

一天，苏格拉底突然想到一个问题，正巧有一个过路人，他就问道："我有一个问题弄不明白，能向您请教吗？人人都说要做一个有道德的人，但道德究竟是什么？"

那人回答："忠诚老实，不欺骗人。这就是道德行为。"

苏格拉底又问："你说道德就是不能欺骗人，但和敌人交战的时候，我军将领却千方百计地去欺骗敌人，这可以说成是不道德的吗？"

"欺骗敌人是符合道德的，但欺骗自己人就不道德了。"那人说。

"与敌人作战时，我军被包围了，处境困难，为了鼓舞士气，将领就欺骗士兵说，我们的援军到了，大家奋力突围出去，结果成功了。这种欺骗能说是不道德吗？"苏格拉底接着发出反问。

那人回答："那是在战争中无奈才这样做的，我们日常生活中就不能这样。"

"我们常常会遇到这样的问题，"苏格拉底停顿了一下问道，"儿子生病了，却又不肯吃药，父亲骗儿子说，这不是药，而是一种好吃的东西。请问这也不道德吗？"

那人只好承认："这种欺骗是符合道德的。"

苏格拉底又问："不骗人是道德的，骗人也可以说是道德的。那就是说道德不能用骗不骗人来说明。那究竟用什么来说明呢？"

那人被弄得不知如何是好，只好说："不知道道德就不能做到道德，知道了道德就能做到道德。"而他恰恰说出了苏格拉底要说的话。

在这里苏格拉底就采用了顺水推舟的技巧，使路人说出了苏格拉底想说的道理。

6. 顺势牵连，委婉表达

为了避免对方的抵触或反感，可以顺着对方的说法，接过来后变换思路，做出新解，巧妙而鲜明地表达出应该倡导的思想，启发对方走出线性的、消极的思维。

一个数学教师刚走上讲台，同学们忽然大笑起来，使他感到莫名其妙。坐在前排的一位女生小声对他说："老师，你的扣子扣错了。"

教师一看，果真第四颗扣子扣在了第五个扣眼里。局面有些尴尬，迅即这位教师煞有介事地对学生们说："老师想心事了，急急忙忙赶着与你们——来——相——会。不过，这也没什么好笑的。昨天我们有的同学做习题时，运用数学公式就是这样张冠李戴的。"

这位老师先用幽默的语言为自己解了围，紧接着，又顺势把这意外事件和学生的学习情况连了起来，借此作比，指出了学生学习中的类似错误，既显得自然，语言又形象，很快解除了尴尬的局面。

　　一次，有八位日本客人来到素有"人间仙境"之称的山东蓬莱观光游览，当导游从"八仙桌"讲到"八仙过海"的故事时，有位日本朋友问道："八仙过海漂到哪儿去了？"

　　这是一个难题，没有人考证过。导游一看眼前的八位日本客人，立即灵机一动，答道："我想，为发展中日两国人民的友谊和交往，八仙过海，东渡到邻邦日本去了吧！"日本客人一听，高兴得笑起来。

　　导游的回答十分巧妙，巧妙就巧妙在把眼前的情景、巧合的数字（八仙过海、八位日本客人）顺着客人的问话和中日两国人民的友谊自然地连了起来，使回答既得体又意味深长。顺势牵连的应急艺术确能有效地使人从困境中摆脱出来，但必须注意"牵"得要自然，"连"得要巧妙，不能牵强附会，否则会弄巧成拙。

　　当今社会，人与人之间的交往更加频繁，应对就强调一个"快"字，许多现实的话题催促着我们要立时做出适应性的回答。即兴沟通力在日常沟通中，起着决定性的作用，因为没有谁会为日常沟通准备一份演讲稿吧。在瞬息万变的现代生活中，必须要求沟通者能够敏锐快捷地相时而动，做出得体的应变性表达；要能够出语快速，出口成趣；要能够即兴一番妙语，可以化困境于无形，妙语服人等等，这就需要沟通者有着高明的快速应对的"语智"了。当然，这是长时间努力培养、锻炼的结果，而不是一朝一夕的工夫。

7. 发散思维的特征

（1）流畅性

这是发散思维量的指标，就某一问题，要求孩子做出足够多的概念和构想，数量越多越好。这个量的多少是以知识的积累为基础的。知识越丰富，观察、分析、归纳、联想、类比的领域也就越宽广，新思想、新概念、新方法和新结论产生的机会也就越多。

（2）变通性

这是发散思维"质"的指标，指思维发散的灵活性，能随机应变的能力。要求你能够从一个领域跳跃到另一个领域去思考。比如：从社会的领域跳跃到自然的领域；从历史的领域跳跃到未来的领域等。

（3）独创性

这是发散思维的本质，它反映思维发散的新奇部分，指对"刺激"能做出不同寻常的反应，更重要的是，能想出别人没有想象到的问题。

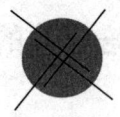

第八章

以史为鉴：

学习古人的沟通智慧

当孩子沟通没底气，怎么样培养他的自信心

　　白居易十六岁时从江南到长安应试，并带了诗文谒见当时的名士同时也是著名的诗人顾况，希望对方能推荐自己。

　　当时，白居易还只是个无名小辈，诗坛地位已经很高的顾况自然是瞧不起这个年轻人。一看见他姓名中的"居易"二字，就开玩笑地说道："长安米贵，居不大易。"言下之意是十分明显的，就是我为什么要帮助你这个无名小辈呢？帮助你在长安立足成名又有什么意义呢？

　　白居易自然明白顾况的意思，但仍然自信地递上了自己的诗作，顾况随意地翻看着白居易的诗作，当翻阅到其中《赋得古原草送别》一首诗时，不由得精神为之爽朗起来，诗中写道：

　　　　离离原上草，一岁一枯荣。

　　　　野火烧不尽，春风吹又生。

　　　　远芳侵古道，晴翠接荒城。

　　　　又送王孙去，萋萋满别情。

　　见此，顾况不由得击节赞叹，连声赞赏说："有才如此，居亦易矣！"顾况认定白居易是个值得自己帮助的青年人，于是，答应了白居易的求助，帮助他广交长安城里的名人雅士，并在仕途上助他一臂之力。

白居易的这首诗写得极有气势，把自然界的草木枯荣与人生的悲欢离合联系起来，特别是"野火烧不尽，春风吹又生。"两句，表现出一种饱受摧残，仍然不屈不挠、奋发豪迈的精神，也充分显示了自己的实力。就这样，白居易以其不卑不亢的态度，用过人的才华为自己赢得了成功的机会。

　　像白居易这样以诗沟通，以诗求人的例子，在中国浩如烟海的历史文化中可谓不胜枚举。唐朝时的科举有行卷的风气，应试的举子为了增加及第的希望，在考试之前把自己的作品呈献给当时的名流，希求得到赞誉或向主考官推荐。诗人朱庆馀在临考之前给当时的水部郎中张籍写了一首《近试上张水部》：

洞房昨夜停红烛，待晓堂前拜舅姑。

妆罢低声问夫婿，画眉深浅入时无。

　　诗中以新妇自比，以新郎比张籍，以公婆比主考官，从昨夜洞房切入，突出通宵不灭的红烛，新娘在红烛光的映照下精心梳妆打扮，等待天亮后去拜见公婆。"待晓"二字反映了新娘的小心谨慎与全力对待。新娘在妆罢之后，对丈夫的征询，因为是新婚还略带羞涩，所以低声相问，画成的眉毛颜色是否符合行礼的要求。

　　这首诗是"近试"之作，唐代考选人才是非常看重诗文的，这首诗更在力显才华而求举荐，不是无意境地白描景物。从全诗的内蕴来看，首句表达的是"闺情"，含蓄而着重表白自己忐忑不安之情，以求张籍大力举荐。与末句的试探张籍对自己才学的评价是前后呼应的。

　　这首诗又名叫《闺意》，单从"闺意"来看，已经把新娘的意态心理描写得生动形象。作者用借喻的手法，请张籍品评一下自己的作品是否符合主考官要求的用意，给人留下了丰富的想象余地。因此，张籍看到朱庆馀的这首诗后，对他的才华大为赞赏，写了一首《酬朱庆馀》作为回答：

越女新妆出镜心，自知明艳更沉吟。

齐纨未足时人贵，一曲菱歌敌万金。

张籍的这首诗也是运用借喻的手法，把朱庆馀当作一位采菱姑娘来写，突出其相貌之美、歌喉之好。新妆之后，倩影倒映在镜面般的湖心中，自知明艳过人却反而显得更加沉静，不以姿色出众自恃。她身穿齐地出产的名贵丝绸做成的衣服，却不值得世人的看重，而这位采菱姑娘的一曲菱歌却美丽动听抵得上万金。这就把朱庆馀才华出众必会受到赏识的诗意，转换成对一位采菱女的描写，既打消了朱庆馀"入时无"的疑虑，又创造出优美动人的艺术形象。

孩子无论是在学校读书，还是初入社会、职场，都不免要和形形色色的人打交道，常常也会有求人办事的时候。有时候，求人办事要放下高姿态，谦虚求教，适时"恭维"，但不必卑躬屈膝；而有时候，求人办事则是要尽量地展现自己的才华和实力。善于展现自己优势的人就像能折射出七彩光芒的钻石，让他人心甘情愿地为其做事。

当然，今天我们已不需要像古人那样含蓄委婉地以诗求人，现代人的求人方式更为直接，但仍需掌握一定的原则。我们要教会孩子，在求人时，不必要低声下气，但也不可狂妄自大，目空一切，摆出居高临下的样子，不妨先想想自己有什么地方值得让人帮助，以自然平和的谈吐、大方得体的举止，给对方以充分的尊重，并始终面带微笑，以谦和的态度赢得对方的信任，以真才实学赢得对方的重视，并达到自己求人办事的目的。其实这也在推销自己、展示自己，在各个细节中表露自己的品行和价值、才华与能力。孩子的言谈举止、社交礼节、学识修养的展示不仅使别人对孩子的言行有一定的印象，也使孩子更有效地改进自己，顺应社会发展。

换位思考，孩子的沟通会更简单

先秦时期，贵族养士蔚为风气，有"门客三千""从者如云"的说法。士成为社会上一种特殊势力。当时最著名的养士者就是被誉为"战国四公子"的齐国孟尝君、赵国平原君、魏国信陵君、楚国春申君，他们广招门客，极力扩大自己的政治影响。

冯谖，穷困潦倒到连自己养活不了，就托人到孟尝君府上，请求作一名食客。据他自我介绍，他既无爱好也没有什么才能，尽管如此，孟尝君仍笑而受之。

冯谖来到孟尝君府上作门客。刚开始，人们都对冯谖不以为意，认为冯谖来这里只带了一张嘴，没有才干，只将粗菜淡饭给他吃。过了几天，他靠着柱子，以剑当琴唱了起来："长剑啊，我们回去吧，这里没有鱼吃啊。"下人就向孟尝君禀报。谁知孟尝君却一口答应给他改善伙食。没想到过了几天，他又唱起来："长剑啊，我们回去吧，这里没有车坐啊。"孟尝君又一次答应了冯谖的要求，给他车坐。冯谖就坐上车，哼着小曲，招摇过市。但过了几天，他又唱道："长剑啊，我们回去吧，在这里无法养家啊。"左右的人都厌恶他了，认为他贪得无厌。但孟尝君仍然答应了冯谖的无理要求，问他有什么亲戚，他便答道："有母亲。"孟尝君就派人每月给他的母亲送去钱。从此，冯谖不再唱歌了。

　　冯谖和孟尝君之间的故事是千古流传的美谈，是古往今来有识之士人人皆知的名篇。两人之间的故事显示了孟尝君睿智大度、善御人才的领袖风度，更显示了冯谖高瞻远瞩、谋略深远的战略家的魅力。

　　冯谖具有非凡的才智，但他却抱着"姜太公钓鱼，愿者上钩"的心理，从一开始就不断地索要，以检验自己准备辅佐的领导到底是不是一个胸怀宽广、礼贤下士的真正领袖。于是他以"长铗归来乎！食无鱼""长铗归来乎！出无车""长铗归来乎！无以为家"的言辞来屡次试探孟尝君，而他的这几句牢骚可不是一般的牢骚，他是故意让孟尝君听到，并且以此来测试孟尝君的反应。这些牢骚分别体现出冯谖在生活各方面的需求，而孟尝君都一一满足了他。于是，冯谖发现孟尝君是一个不势利、非常大度、值得为他出谋划策的君子，他就毅然为孟尝君做了众多好事。

　　冯谖为孟尝君做的第一件好事就是"千金买义"，而这件好事在常人看来却是愚蠢至极的。说它愚蠢是因为它放弃了诸多眼前的金钱利益，而正是这一点体现了冯谖的战略性眼光和深刻的洞察力。眼光短浅的常人只能看到眼前的小利，他却以损失眼前的利益换来了长远的更大的利益，常人只能看出多多少少的实物价值，他却评估出了"仁义"二字巨大的无形的价值，实际上他是最为精明和最会算计的人中之杰。在这一点上，孟尝君也是远远不如他的。冯谖问："责毕收，以何市而反？"孟尝君答曰："视吾家所寡有者。"这个回答正中冯谖下怀。于是他以千金买义。"今君有区区之薛，不拊爱子其民，因而贾利之。臣窃矫君命，以责赐诸民，因烧其券，民称万岁。乃臣所以为君市义也。"但此刻孟尝君并没有了解冯谖的良苦用心，而是很不高兴，曰："诺，先生休矣！"聪明的冯谖并不急着为自己辩解，因为他深知自己真正的作用还没有发挥出来。果然，当孟尝君势落时，冯谖曾经的作为就立刻显示出了作用。矫命烧债券之举，虽然目的是为孟尝君收买民心，但在当时的历史条件下，是有一定进步意义的。

冯谖更是为孟尝君营造了"三窟"。他善于左右造势、哄抬价值，他深知人性的奥妙，一般人都是失去时才觉得珍贵，都拒绝他人直接推销自己，而如果由第三方推荐或者与第三方竞争人才，那么人们会非常珍重人才。冯谖使魏王珍重、竞争孟尝君，引起了齐王的高度重视，失去时才觉得珍贵了，冯谖遂成大计。

冯谖的智能体现在他的语言上，则更为精练生动。他的言辞不卑不亢，简明精约，深中肯綮，更为难得的是他的话语都是站在对方的立场上为对方着想，所以他的见解能为孟尝君所接受。

美国汽车大王福特说过一句话："假如有什么成功秘诀的话，就是了解别人的态度和观点，设身处地替别人着想。"

曾经有人说，要想让别人相信你是对的，并按照你的意见行事，首先必须要人们喜欢你，否则你就要失败。可是如果我们不能教会孩子设身处地站在别人的角度，找到别人的诉求，又怎么可能让对方喜欢孩子呢？

在社会节奏飞快，社会竞争激烈的今天，如果让孩子明白，沟通时只要能够站在对方的立场上，为对方着想，语言简洁明快就能够给人留下良好的第一印象。对孩子来说，这也是必须具备的素质之一。

言辞恳切，化解小冰山

李密原是蜀汉后主刘禅的郎官。公元 263 年，司马昭灭蜀汉，李密成了亡国之臣，仕途已失，便在家供养祖母刘氏。公元 265 年，晋武帝请李密出来做官，先拜郎中，后又拜为太子洗马。但李密不愿应诏，于是就写下了《陈情表》，申述自己不能应诏的苦衷。晋武帝看了此表后深受感动，不但答应了李密的请求，而且还特赏赐奴婢两人侍候刘氏，并命郡县按时给其祖母供养。

李密能够成功地以一篇文章打动晋武帝，主要就在于他的言辞恳切，以情动人。常言道，君命不可违，更何况一个"至微至陋"的蜀汉降臣。所以，李密为了唤起武帝的怜悯心，不是直陈其事，而是凄切婉转地表明心意，言辞极其恳切，情深感人，言之成理，使君王收回了成命。

李密先从自己幼年的不幸遭遇说起，说明自己与祖母相依为命的特殊感情，叙述委婉，辞意恳切，语言简洁生动，富有表现力和强烈的感染力。紧紧围绕着"情""孝"二字反复陈述自己家庭的不幸，和祖母相依为命的苦况亲情，说以孝治天下是治国纲领，言外之意则是孝养祖母虽为循私情，却也合情合理合法，并为下文乞求终养给出了理论根据。

在这篇表文中，李密在"孝"字上大做文章，把自己的行为纳入晋武帝的价值观念中去。李密是蜀汉旧臣，"少仕伪朝，历职郎署"。古人讲"一仆不事二主""忠臣不事二君"。如果李密不出来做官，就有"不事二君"的嫌疑，不事二君就意味着对晋武帝不满，这就极其危险了。所以，李密说自己"不矜名节""岂敢盘桓，有所希冀"，不出来做官完全是为了供养祖母刘氏，是为了"孝"。但是这里又产生了一个问题，事父为孝，事君为忠。李密供养祖母是孝，但不听从君主的诏令，不出来做官，就是不忠。古人云"忠孝不能两全"，为忠臣不得为孝子，为孝子不得为忠臣。李密很巧妙地解决了这个矛盾，即先尽孝，后尽忠。"是臣尽节于陛下之日长，报刘之日短也。"等把祖母刘氏养老送终之后，再向晋武帝尽忠。这样，晋武帝也就无话可说了。

李密为了达到自己的目的，除了在"孝"字上大做文章外，还以巧妙的抒情方式，来打动晋武帝。将对祖母刘氏的孝情大肆渲染，并且造成一个感人至深的情境，即"臣无祖母，无以至今日；祖母无臣，无以终余年"。从这样一种情境出发，先以简洁精练的语言叙述自己的孤苦，为"祖母无臣，无以终余年"作铺垫，然后反复强调祖母刘氏的病："夙婴疾病，常在床蓐"；"刘病日笃"；"日薄西山，气息奄奄，人命危浅，朝不虑夕"。这样，李密的孝情就不同于一般的祖孙之情，而是在特定情境中的特殊孝情了。

为了达到"辞不就职"的目的，李密并没有把孝情一泄到底，而是用理性对感情加以节制，使它在不同的层次中、不同的前提下出现。先说自己与祖母刘氏的特殊关系和特殊命运，抒发对祖母的孝情，"臣侍汤药，未曾废离"继而巧妙地表达了蒙受国恩而不能上报的矛盾心情。表明自己感恩戴德，很想走马上任，"奉诏奔驰"但因"刘病日笃"，这就从另一方面反衬了他孝情的深厚，因为孝情深厚，而"诏书切峻，责臣逋慢"，所以才有"实为狼狈"的处境。前面抒发的孝情被节制以后，又在另一个前提下出现了。转而申明自己"不矜名节"，并非"有所希冀"，不应诏做官，是因为"祖母无臣，无以终余年"。在排除了晋武帝的怀疑这个前提之下，再抒发对祖母刘氏的孝情，就显得更真实，更深切，更动人。

因而，晋武帝司马炎在读了李密的《陈情表》后，才会大为感动，欣然同意了他的请求。

李密的这篇《陈情表》，情真意切，诚挚感人，《古文观止》言其"历叙情事，俱从天真写出，无一字虚言假饰……至性之言，自尔尔悲恻动人"。清代林云铭所缉《古文析义》云其"绝是一片至性语，不事雕饰，惟见天真烂漫"。《陈情表》中至真、至诚、至性、至孝之情可见一斑。行文直率真情至性，不假雕饰，以陈情统摄叙事、说理，句句从肺腑汩汩流出，拳拳之心，动人心弦，催人泪下。造语平实而生动，自然浑朴，绝无斧凿痕迹，因而成为千古传诵的不朽名篇。

人是感情动物，人生存在这个到处充满感情的世界里，以"情"动人者，方能动其心；用"情"求人者，才能有求有应。要让孩子学会未雨绸缪，舍得进行感情投资，于无声处用情，于急难时办事。

情感灌溉出的沟通力量

战国时期，秦国攻赵，赵国向齐国求援。齐国要赵国送太后的小儿子长安君到齐国做人质，方肯发兵。但赵太后执意不肯，虽然满朝文武极力劝谏，仍无济于事。最后，赵太后干脆宣布："谁要是再来劝我，我就把唾沫吐到他的脸上。"

后来左师官触龙希望进见太后，太后知道他也是来规劝的，于是就满脸怒气地等着他来。触龙来到宫中，慢慢地小跑着，到了太后跟前谢罪道："我的脚有毛病，不能快步走，因而好久没有来看太后，心里十分惦念，所以今天特来拜见您。"太后道："我现在也得靠车子才能行动。"触龙又询问了赵太后一些饮食、饭量等其他一些情况，平平实实的家常话使赵太后的怒容有所缓和。

触龙又向赵太后请求能否允许他的小儿子在王宫卫队里当一名侍卫。赵太后满口答应。"他今年多大了？"赵太后问道。"今年十五岁了，尽管他现在年纪还小，我却希望在我没死之前把他托付给您，为他安排好立身之处。"赵太后问道："男人也疼爱他的小儿子吗？"触龙答道："比起女人来，有过之而无不及哩。"

太后笑着说道："女人是格外疼爱小儿子的。"触龙说："我私下里认为您对您的女儿燕后的爱怜超过了对长安君。"太后说："您说错了，我对燕后的爱远远赶不上对长安君啊！"触龙说："父母疼爱自己的孩子，就必须为他考虑长远的利益。"接着，触龙又举例说当年燕后远嫁，赵太后与她依依惜别，难舍难分。但每次祭祖的时候却祷告让燕后留在燕国，不要回来，以便使其子女世世代代为燕王。

触龙接着说道："这大概就叫作：'近一点呢，祸患落到自己身上；远一点呢，灾祸就会累及子孙。'难道是这些人君之子一定都不好吗？但他们地位尊贵，却无功于国；俸禄优厚，却毫无功绩，而他们又持有许多珍宝异物，这就难免危险了。现在您使长安君地位尊贵，把肥沃的土地封给他，赐给他很多宝物，可是不趁着现在使他有功于国，有朝一日您不在了，长安君凭什么在赵国立身呢？我觉得您为长安君考虑得太短浅了，所以我认为您对他的爱不及对燕后啊！"

至此，赵太后完全接受了触龙的劝说，说道："好吧，就按照你的意思把他派到那里吧。"于是，为长安君准备了上百辆车子，到齐国去做人质。齐国也随即发兵救赵，从而退了秦国的大军。

中国有句古话道："伴君如伴虎。"在封建时代，臣下进言谏说，稍有不慎就会招致祸殃。而触龙却能以巧妙的方式达到进谏的目的，确实令人称道。

触龙努力制造出来一种和谐的谈话气氛，刚见太后时，"太后盛气而揖之"。在这种情况下，如果触龙开口便谈让长安君作为人质的事，很可能落入太后唾其脸面的尴尬境地，因为，人在生气的时候，是最不理智的，不但难于听取他人的意见，而且很有可能把对方当作发泄的对象。

老到、精明的触龙早就认识到了这一点，所以，见到太后以后，他避而不谈长安君之事，而是先用"缓冲法"，从请安和询问太后饮食行止入手，讲述自己如何调养弱体、增进饮食的经验。这就使太后产生错觉，以为触龙是来探望、安慰她的，从而使太后由"盛气而揖之"到"色稍解"，既而"笑曰"，和谐的谈话氛围形成了，触龙谏说的第一道障碍被巧妙地克服了，陈述自己意见的条件也就成熟了。接着触龙又不失时机，用"引诱法"，以父母疼爱儿女的人之常情为契机，先从自己爱怜少子，想为他谋差事扯入，以引起太后的兴趣。又用"旁敲侧击法"，由自己爱子，引出"太后爱燕后胜过长安君"的话题，竭力夸赞太后爱燕后"为之计深远"的明智，正是要衬出她爱长安君的"计短"。但妙在他还是不直说出长安君，而荡开一笔，去剖析历史上诸侯子孙没有继世为侯的教训。这无异于为太后展开了一幅幅王侯子孙因为"计短"而失位的图画，怎能不令太后心动？至此，触龙才正面提到长安君，并指明太后的做法，看似"计长"实为"计短"。倘要真爱长安君，应"令有功于国"，否则，将无以"自托于赵"。谏说至此，太后心悦诚服，一个"诺"字就宣告了触龙谏说的成功。

值得回味的是，触龙的谏说，自始至终，未有一语提及"令长安君为质"，而使太后情不自禁地说出"恣君之所使之"的话，谏说的巧妙令人叹服。触龙说赵太后使赵国在危难之时得到了齐国的援助，从而转危为安。

从这个故事中有很多可以借鉴的谈话技巧，更要教会孩子明了沟通时应该站在对方的立场上，考虑对方的利害得失。人都是有"私心"的，人首先要为自己、为自己的家庭、为自己的小集团考虑。任凭你讲的道理再对，如果对对方没有什么好处，对方是懒得理你的。触龙与赵太后，大的立场是基本相同的，都是为同一个国家着想。古代贤人的说辞奥妙无穷，我们应古为今用，服务于今天的社会。

沟通小达人都会的对比沟通法则

春秋战国末年，韩国怕秦国出兵来攻，派水工郑国到秦国去，建议秦国在泾阳县西北开凿渠道，引泾水东流入洛水，想用它来阻碍秦国向韩国进军。这就是历史上著名的郑国渠。这一计策被发觉后，秦宗室大臣提出逐客主张，秦王同意了这个请求，而李斯也在被逐之中，于是他提笔写下了《谏逐客书》这封万言书。

面对当时复杂的政治环境和动荡不定的社会环境，李斯将治国之略、帝王之术、人才得益无不渗透在他华美的、汪洋恣睢的言辞里，把高高在上的秦王说得心悦诚服。李斯的语言艺术由此可见一斑。李斯这种用华丽的言辞，正反对比、逐层递进、陈明利害得失的沟通方式，在今天仍有着普遍的实用意义和广泛的使用价值。

在这封万言书中，李斯以历代客卿为秦国富强做出卓越贡献的历史事实和秦王喜好来自各个诸侯国的珠宝器物的眼前事实，直指其驱逐客卿的无理和偏执，并从国家利益的高度，揭示出驱逐客卿的严重危害，具有极强的针对性和说服力。在第一部分中列举了大量事实，秦穆公从天下四方招求贤士，获得了由余、百里奚、蹇叔、丕豹、公孙支等人，善用之而并国二十，称霸西戎，为秦国的统一大业奠定了坚实的基础。后面接着列举商鞅、张仪、范雎等人，说明了客卿为秦国做出了很大的贡献，没有什么事有负于秦，作者这一段写得非常高明而巧妙。列举的这九个人都是先秦著名的贤士，为秦国做了巨大的功勋。李斯通过先贤提高了客卿在秦国的地位，借人扬己，而使用这些先贤的秦朝君王，都是先秦的明主，秦国的国富兵强，是明主善于用人的结果，李斯的言下之意是，如果现在的秦王是一位明君，那么他就应该善用客卿，而不应该驱逐客卿。

立足点巧妙，是李斯说服智慧的另一特色。此文虽然是为了客卿的利益而写，但作者始终不谈客卿的利益，纯粹从秦国的危亡着眼，为秦王的统一大业着想。说秦国的强盛富有，拥有许多珍奇异宝，秦国的很多东西都是从外国引进，而自己的好东西却不是很多，这说明外来的东西对秦国的重要性。然后话锋一转，"今取人则不然，不问可否，不论曲直，非秦者去，为客者逐。然则是所重者在乎色乐，珠玉，而所轻者在乎民人也。此非所以跨海内，制诸侯之术也"，直接论述逐客的无理和偏执，秦王轻视人民、不思进取的过错。紧接着开始说理，"泰山不让土壤，故能成其大；河海不择细流，故能就其深；王者不却众庶，故能明其德"。秦王欲成就统一国家大业，必须海纳百川。在这里李斯从正反两方面论述逐客令的危害，逐客则天下之士退而不敢西向，资敌损民而益仇，留客则国富粟多，兵强士勇，统一有望。用意真挚，语势委婉，笔义曲折，而且使用了排比与对偶句式，语汇丰富，颇有文采，继承和发扬了战国时期纵横家雄辩的风格。最终使秦王看后幡然醒悟，收回了成命。

刘勰在《文心雕龙·论说》中称："李斯之止逐客，顺情入机，动言中务，虽批逆鳞，而功成计合，此上书之善说也。"当时赶走客卿的主张，已得到秦王的同意。李斯反对赶走客卿，触犯了秦王，所以称"批逆鳞"，却能"功成计合"，这跟"顺情入机，动言中务"有关。

李斯在《谏逐客书》开头提出："臣闻吏议逐客，窃以为过矣。"把"逐客"说成是"吏议"，使秦王容易听下去，这就是"顺情"。接下来列举穆公、孝公、惠王、昭王四君任用客卿所收到的功效，这就是"入机"，又以"向使四君却客而不内"会怎样，做正反方面比较，逐客的错误就明显了。

转到秦王，另起波澜。从秦王爱好的色乐珠玉都不产于秦，然后反复推论，归结到重色乐珠玉而轻人民，"此非所以跨海内、制诸侯之术也。"这就是"动言中务"，正点到秦王要称霸的雄心。接下来又从"地广者粟多"等联系到泰山、河海的比喻，再转到"弃黔首以资敌国"的错误，归结到"今逐客以资敌国"的危殆。这样波澜起伏，正是"飞文敏以济辞"。

李斯这种用华丽的言辞正反对比、逐层递进陈明利害得失的沟通方式，在今天仍有着普遍的实用意义、广泛的使用价值。因为在使用语言的过程中，人们在潜意识里都会被华美而义理充沛的言辞所打动，尤其是逻辑严密、论理充分的语言，更容易使人信服。

《谏逐客书》对如何做人也提出了自己的看法，"泰山不让土壤，故能成其大；河海不择细流，故能就其深"。这句话告诉我们，做人要有一颗宽容的心，要有大海般的胸襟。如此便能看淡生活中的挫折，拥有一颗宽容的心会使人与人的相处更加轻松。平日要广交朋友，如此自己的生活会更加丰富而精彩。

《谏逐客书》虽然是古代的一篇政论文，但是它闪耀着文学的光辉，有着丰富的内涵，不论是为政，还是做人，它也时刻提醒着我们，不要犯一些无谓的错误。可以说它是一篇惊世骇俗而巧妙无比的文章。

世界上的万事万物，往往是相比较而存在的。"有比较才有鉴别"。两种事物一经对比，就可以分辨出彼此间的差异，把两种矛盾或对立的事物加以对照比较，从正反两方面进行说理，从而揭示事情的本质。真与假的对比，可以去伪存真；善与恶的对比，可以抑恶扬善；是与非的对比，可以拨乱反正。因此，借鉴并运用李斯这种正反对比的说服方法，使论证更加有力，观点更加鲜明；使所阐述的事理更加深刻，更有说服力。

如何让孩子学会直陈利害，以理取胜

毛遂在平原君门下已经三年了，一直默默无闻，总是得不到施展才能的机会。

一次，碰上秦国大举进攻赵国，秦军将赵国都城邯郸团团围住，情况十分危急，赵王只好派平原君赶紧出使楚国，向楚国求救。

平原君到楚国去之前，召集他所有的门客商议，决定从这千余名门客中挑选出 20 名能文善武、足智多谋的人随同前往。他们挑来挑去最终只有 19 人合乎条件，还差一人却怎么挑也总觉得不满意。

这时，只见毛遂主动站了出来说："我愿随平原君前往楚国，哪怕是凑个数！"

平原君一看，是平常不曾注意到的毛遂，便不以为然，只是婉转地说："你到我门下已经三年了，却从未听到有人在我面前称赞过你，可见你并无什么过人之处。一个有才能的人在世上，就好像锥子装在口袋里，锥尖子很快就会穿破口袋钻出来，人们很快就能发现他。而你一直未能出头露面显示你的本事，我怎么能够带上没有本事的人同我去楚国行使如此重大的使命呢？先生您还是留下吧！"

毛遂并不生气，他心平气和地据理力争说："您说的并不全对。我之所以没有像锥子从口袋里钻出锥尖，是因为我从来就没有像锥子一样放进您的口袋里呀。如果早就将我这把锥子放进您的口袋，我敢说，我不仅是锥子尖钻出口袋的问题，我会连整个锥子都像麦穗子一样全部露出来。"

平原君终于同意毛遂作为自己的随从，那十九个人虽然没有说出什么话来，但却对他投去嘲笑的目光，一行人连夜赶往楚国。

一到楚国，已经是早晨。平原君立即拜见楚王，跟他商讨出兵救赵的事情。可是这次商谈很不顺利，从早上谈到了中午还没有丝毫进展。面对这种情况，随同前往的那十九个人只知道干着急，在台下直跺脚、摇头、埋怨。唯有毛遂，眼看时间不等人，机会不可错过，只见他一手提剑，大踏步跨到台上，面对盛气凌人的楚王，毛遂毫不胆怯。他两眼逼视着楚王，慷慨陈词，深明大义，他从赵楚两国的关系谈到这次救援赵国的意义，对楚王晓之以理，动之以情。他的凛然正气使楚王惊叹佩服；他对两国利害关系的分析深深地打动了楚王的心。通过毛遂的劝说，楚王终于被说服了，当天下午便与平原君缔结盟约。很快，楚王派军队支援赵国，帮助赵国解了围。

事后，平原君深感愧疚地说："毛遂原来真是了不起的人啊！他的三寸不烂之舌，真抵得过百万大军呀！可是以前我竟没发现他。若不是毛先生挺身而出，我可要埋没一个人才呢！"从此，就把毛遂奉为上宾。

毛遂自荐的故事我们都不陌生，但是，人们常常赞扬欣赏的是毛遂的勇气，往往忽视了毛遂的才智，尤其是他沟通的智慧。要知道，敢于自荐是一种勇气，但是能够自荐成功靠的就是出色的语言艺术了。当平原君赵胜以毛遂在他门下三年一直默默无闻为借口，而拒绝带他出使楚国时，毛遂侃侃而谈，针锋相对地指出平原君没有给自己处于囊中的机会，要不然自己早就锋芒毕露，脱颖而出了。

毛遂花三年时间观察平原君，深知其礼贤下士，所以才下决心屈居门客，等着出人头地之时，避免明珠暗投，这是其一；他又深知，动荡时期必有英雄用武之地，跟着干大事业的平原君，定能施展聪明才智，但要脚踏实地，耐得住寂寞，这是其二；毛遂还懂得，审时度势，量力而行，该出手时就出手，毅然脱颖而出，勇挑重担，这是其三。

在楚国的宫殿上，毛遂一开始就单刀直入，抓住楚王妄自尊大的心理，指出楚王所依仗的不过是楚国人多势众。紧接着用事实指出真正的霸者是不计较出身的，他们能够打败强大的敌人，成就自己的伟业。而楚王坐拥雄厚的资本，却三次被秦将白起打败，是天大的耻辱，以此来激发楚王的雄心，令其踌躇满志。并且指出了"合纵"是对楚国有利的事情，使楚王最终答应歃血为盟。

毛遂以咄咄逼人的语言气势，有理有据的说理分析，终于名扬天下，使楚王不得不敬服，也使得平原君发出了"毛先生一至楚，而使赵重于九鼎大吕；毛先生以三寸之舌，强于百万之师"的感叹。

我们的孩子也应该学习毛遂的这种直陈利害，促使对方醒悟的沟通方法。与他人讲事实摆道理，冷静地分析、全面而深刻地判断，才能使对方醒悟，进而接受孩子的看法。

往事越千年，当年在平原君手下当门客的毛遂能够在三千门客中脱颖而出，没有真才实学，没有两手绝招，没有周密计划是难以入围的。像毛遂似的人物在当今不再是凤毛麟角，自荐也不再是一种罕见的勇气。对孩子来说，从校园到社会，从人才市场到企业，人人都必须当毛遂，人人都必须会自荐，这就是新的社会规则。

鼓励孩子学会攻守兼备的辩论

公元208年，曹操统一了北方，统帅号称百万的大军南下，矛头指向荆州的刘表、刘备和江东的孙权。刘表新亡，次子刘琮吓得不战而降；刘备仓皇退到夏口（今汉口），几乎全军覆灭。在这危急关头，刘备除了联合孙权抗曹之外，已别无选择。便派军师诸葛亮前往江东，完成联吴抗曹的使命。于是，就有了诸葛亮舌战群儒的千古佳话。

《三国演义》第四十三回"诸葛亮舌战群儒，鲁子敬力排众议"对这段历史做了精彩绝伦的描写，可以说这是以后赤壁大战、天下三分的前奏和关键。而诸葛亮的东吴之行之所以能够说服孙权，取得成功，关键在于采取的言论策略，面对群儒，他口若悬河，滔滔不绝，善抓把柄——驳斥了东吴的文士们。

初到江东，诸葛亮作为弱国使者，独自一人，看起来势单力孤，面对仗着人多势众、天时地利，一个个盛气凌人的东吴文士，诸葛亮决定先打掉他们的气势。因此，他正面相迎，不避锋芒，慷慨陈词，出口凌厉，制其要害。

张昭是孙权旗下第一谋士，若不先驳倒他，如何说服孙权？因此，诸葛亮与张昭针锋相对，唇枪舌战，他首先驳倒了作为主和派首领张昭的恶意讽刺与贬损，抓住了他主降的弱点，在列数刘备一方怎样仁义爱民、艰苦抗击曹操之后，话锋一转："盖国家大计，社稷安危，是有主谋。非比夸辩之徒，虚誉欺人：坐议立谈，无人可及；临机应变，百无一能。诚为天下笑耳！"把张昭驳得无一言回答。在这里诸葛亮采用的战略是"一笑、二赞、三讽"：一笑——笑张昭庸臣误国如庸医杀人；二赞——赞刘备仁义爱民；三讽——讽张昭"坐议立谈，无人可及；临机应变，百无一能"。一下子就点到了张昭的痛处，使他再也不能开口。

紧接着，诸葛亮又仅用一个回合将问难的虞翻、步骘挑落马下，使他们无语而退；而薛综、陆绩出于贬低刘备的目的，抬高了曹操的身份，犯了士大夫阶层中的舆论大忌，被诸葛亮抓住了把柄，他以"无父无君"喝退薛综，又让"怀桔之陆郎（陆绩）"语塞。面对严峻与程德枢这样的迂腐书生，诸葛亮尖锐地指出："寻章摘句，世之腐儒也，何能兴邦立事？且古耕莘伊尹，钓渭子牙，张良、陈平之流。邓禹、耿弇之辈，皆有匡扶宇宙之才，未审其生平治何经典。岂亦效书生，区区于笔砚之间，数黑论黄，舞文弄墨而已乎？""儒有君子小人之别。君子之儒，忠君爱国，守正恶邪，务使泽及当时，名留后世。若夫小人之儒，惟务雕虫，专工翰墨，青春作赋，皓首穷经；笔下虽有千言，胸中实无一策。且如杨雄以文章名世，而屈身事莽，不免投阁而死，此所谓小人之儒也；虽日赋万言，亦何取哉！"准确有力地击中对方弱点，使他们低头丧气而不能对答。于是，"众人见诸葛亮对答如流，尽皆失色"。

针锋相对，据理力争，是一种较为常用的辩论的技法，诸葛亮舌战群儒就把这种技法的艺术特色体现到了极致。在赤壁之战前夕这样一个危急的时刻，诸葛亮出使东吴游说，在面见孙权之前，遭到主和派大臣们的车轮式的问难与攻击，如果此时再装聋作哑、含糊其辞，不仅要受到他们的蔑视和耻笑，也会动摇孙权联合抗曹的决心，折辱而归。于是，诸葛亮选择了正面应对，不避锋芒，慷慨陈词。

"锋芒凌厉，咄咄逼人"是一种反击他人最有力的攻辩方式，它不需要迂回往返，也不需要闪避隐晦，它可以痛快淋漓地反击对手，一针见血地驳斥对方。

　　在谈判辩论中，很大程度上要靠即兴发挥，而人的语言不可能总是组织得很严密，总会有一些漏洞。只要能够抓住对方的弱点，即抓住了把柄，就可以全力击之，迫其就范。有些把柄是随机出现的，如果对方的理论不甚周全，解释得不尽合理，表达欠妥、出现口误等，都可以带来可乘之机。抓住了这些把柄，就应该及时抓住，穷追猛打。如果对手把柄难寻或没有漏洞，也可以发挥创造性制造或挖掘把柄，再安到对手身上去。

　　因此，在辩论时要能够随机应变，抓住对方的弱点给予打击。有些弱点是事先已经被我方掌握的，而有些弱点则是在对招中对方暴露出来的，要能够随时发现把柄。两雄争辩，是双方理与气的较量，理是气的内核，气是理的锋芒，理直就气壮，理屈则气馁；在一定条件下，气盛也能够理壮三分。出色的辩论者常常会着意寻找对手的有关弱点，给予攻击。诸葛亮舌战群儒的故事，是值得欲施把柄的辩论者研习的。

　　在唇枪舌战中，以抓住把柄、穷追猛打的对策来对付傲气十足的对手是十分有效的。傲气者一旦被别人抓住弱点，其傲气的资本也就被瓦解了。

　　在辩论中，因思考不完善而出现漏洞，就等于是把把柄送给了对方，对方当然会毫不留情地进行反击。所以，抓住关键要害常常是克敌制胜的法宝。有道是"伤敌十指，不如断其一指"，与其面面反驳，不如攻其要害，溃其一点。